엄마가 더 바쁜 **엄마표 수학놀이**는 이제 그만!!

준비물이 필요 없는
생활 속 수학
레시피 36

일러두기
- 본문에서 엄마가 아이에게 말을 걸어 생각하게 하고, 의문을 품게 하는 '말 걸기' 트레이닝 문장 앞에는 *표를 하고, 서체와 색상을 구분 지어 표기했습니다.
- 본문에서는 아이와 함께 '생활 속 수학 레시피 36'을 하는 '어른'을 편의상 '엄마'로 표기했지만, 가정에 따라 아빠든 할머니든 누구든 좋습니다.

Original Japanese title: KOSODATE SANSU RECIPE
© 2020 Maki Tanaka
Original Japanese edition published by Ronsosha.
Korean translation rights arranged with Ronsosha
through The English Agency (Japan) Ltd. and Danny Hong Agency.
Korean translation rights © 2020 by Dongyangbooks

엄마가 더 바쁜 엄마표 수학놀이는 이제 그만!!

준비물이 필요 없는

생활 속 수학
레시피 36

타나카 마키 지음 | **최현주** 옮김

동양북스

□ 시작하며

저는 또래에 비해 이해력이 조금 부족하고 매사에 서툰 아이를 키웠습니다.
아기 때부터 다른 아이들보다 느려서 늘 걱정이었습니다.

어떻게든 지금보다 조금 낫게 해 보자.

이렇게 생각하며 아이에게 가능한 자극을 많이 주었습니다. 그리고 이왕 노력할
거면 학교 공부에 도움이 되도록 '수학 머리'를 만들어 주자고 마음먹었습니다.
'수세기'와 같은 기초부터 시작해 '덧셈이나 뺄셈, 곱셈, 나눗셈'까지.

학습 단계에 연연하지 말고 가르쳐 보자.

저는 아이에게 매일 말을 걸었습니다. '학습 능력 키우기'를 목표로 하면서요.
생활 속에서 사칙연산을 쉽게 접하도록 말을 걸었고,
아이가 스스로 문제를 생각하고 해결해서 학습 능력이 높아지기를 바랐습니다.

그렇게 매일 이것저것 가르쳤는데 아들이 초등학교에 들어가서 보니,

'가르치지 못한 것이 이렇게 많이 있었나?!'

하고 엄청 놀랐습니다.
'이럴 줄 알았으면 트레이닝을 학교 진도에 맞춰서 할걸.'

하고 생각한 적이 많았습니다.

아들이 무사히 중학생이 됐을 때, 우리 이야기를 앞으로 그 시기를 보내야 하는 학부모들에게 들려주면 좋겠다는 생각이 들었습니다.
저와 제 아이의 경험이 다른 아이들에게 도움이 될 거라 믿었기 때문입니다.
'학원에 보내기 전에

집에서 할 수 있는 것이 많이 있어요.

무조건 학원부터 보내는 것보다 집에서 시작해 보면 어떨까요?'
이렇게 시작된 〈생활 속 수학 트레이닝 교실〉은 15년간 매월 1회, 집 근처에서 진행하고 있습니다.

아이들은 초등학교부터 고등학교까지 12년간 매일 학교에서 공부를 합니다. 그리고 배운 것을 얼마만큼 이해했는지 시험으로 평가받습니다.
그래서 공부를 잘하는지 못하는지, 시험 점수가 높은지 낮은지에 따라

자존감 또는 셀프 이미지(자아상)

에 영향을 줄 수 있습니다.

아이가 학교에 가기 전에 공부하는 습관을 들이면 학교 공부에 안정감 있게 집중할 수 있습니다. 특히 수학에 자신감을 가지면 자존감과 셀프 이미지가 높은 아이로 자랄 수 있을 거라 저는 생각합니다.

수학을 잘 못하고 이해가 안 된다는 이유로
아이의 자존감이 떨어지지 않도록 하는 것이 제 바람이며,
이 책을 쓰게 된 이유이기도 합니다.

저는 평범한 부모입니다. 수학을 잘하지도 않고 교육 전문가도 아닙니다.
이 책에서 소개하는 『생활 속 수학 레시피 36』은 한 아이의 엄마로서
깨닫고 발견한 것으로, 저와 아이의

경험에서 우러난 방법

입니다. 엄마와 아이가 일상 생활 속에 있는 것으로 해볼 수 있는 방법이지,
특별한 이론을 바탕으로 만든 것은 아닙니다.
유치원이나 학교에서 가르치는 방법과 다르다고 생각하는 분도 있겠지만
어디까지나 한 엄마와 아이의 경험치로 받아들여 주시기 바랍니다.

아이와 함께 『생활 속 수학 레시피 36』을 하는 '어른'이 가정에 따라 다양하겠지만,
책에서는 편의상 '엄마'로 표기했습니다. 말 걸기 장면에서 '엄마'와 '아이'의 대화로
표현했지만, 아빠든 할머니든

누구든 좋습니다.

『생활 속 수학 레시피 36』은 학교 공부와 다릅니다. 아이를 양육하는 연장선이자,
소소한 대화 속에서 아이 스스로 깨닫고 생각하게 하는 과정입니다.
그 과정의 대부분은 '말 걸기'에서 시작됩니다.
그래서 이 책에는 '엄마'가 '아이'에게 물어보는 상황이 많이 나옵니다.
기회가 된다면, 엄마 자신이 잘 모르는 것이라도 아이에게 물어보고 아이와 함께
생각해 보세요.

결과에 신경 쓰지 말고

느긋하게, 즐겁게, 틈틈이, 반복적으로

해 보세요. 호기심 많은 아이의 눈은 새로운 것을 알아가는 기쁨으로 빛나고 있을
것입니다.
그 기쁨을 보면서 우리도 행복해질 수 있습니다.

육아는 긴 여정

입니다. 쉽게 해답을 찾을 수 없습니다. 하지만 긴 여정이기에, 우리에게 다가오는
배움과 기쁨이 더 크고 벅찹니다.

부디 아이와 함께『생활 속 수학 레시피 36』을 즐겨 주세요.

아이의 10년 후, 20년 후 모습

을 그리면서 말입니다.

저자 **타나카 마키**

CONTENTS

CONTENTS

Recipe 01 분류하기

집합 1

☐ 종류 구별하기

같은 종류의 물건을 다양하게 늘어놓고 다른 종류의 물건을 하나 집어넣습니다. 그중에서 다른 종류를 찾도록 유도합니다.

예를 들면, 동물 중에 과일, 과일 중에 연필, 꽃 중에 케이크, 식기 중에 미니카를 찾는 것입니다. 이처럼 같은 종류의 물건들 속에서 다른 하나를 찾는 놀이를 하면서 각각의 속성을 어렴풋이 알아가는 것입니다.

☐ 감각을 기르는 것이 핵심!

아이가 수학 문제를 풀 때 속도와 시간을 더하는 등 각각의 속성을 알지 못해 실수를 하는 경우가 종종 있습니다.
그래서 '분류하기'는 수학에서 꼭 필요한 감각입니다.

예를 들면, 속도 문제에 나오는 3요소, '속도' '시간' '거리'에서 '시간'과 '시간', '거리'와 '거리'는 더할 수 있습니다. 하지만 '속도'와 '속도'는 더할 수 없습니다.
'시간'과 '거리', '속도'와 '시간'도 더할 수 없습니다.
평균 시속을 구하는 문제에서, 속도끼리 더해서 2로 나눌 수 없기 때문에 전체 걸린 시간과 총이동 거리를 구한 후 평균 시속을 계산해야 합니다.

(☞92쪽 참고문제 ①)

이때 '속도는 더할 수 없을 것 같다.'라고 생각하는 감각을 기르는 것이 '분류하기' 트레이닝의 목적입니다.

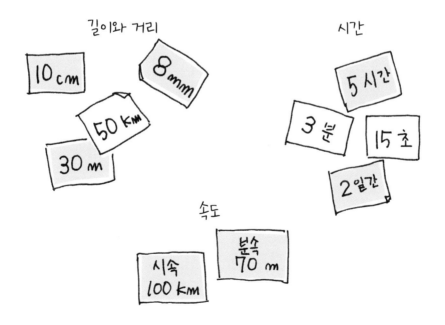

아이 엠 그라운드 ○○ 이름 대기

'아이 엠 그라운드(I am ground) ○○ 이름 대기'라는 게임을 알고 있습니까?

*아이 엠 그라운드 과일 이름 대기. 라고 하면,
게임에 참여한 사람이 순서대로 과일 이름을 말하는 것입니다.

"사과."

"딸기."

"귤."

"양배추."

*땡! 양배추는 야채야~
이런 방법으로 진행됩니다.
만약 누군가 "아보카도."라고 말하면

*응??? 아보카도가 과일이야?라고
의문을 가질 수도 있습니다.

이렇게 아이와 놀면서 사물의 속성을 배워갑니다.
반드시 정답을 요구할 필요는 없습니다. 그저 아이가 "그거 과일이야?"라고 물어보고
그 속성에 대해 생각하는 것 자체에 의미가 있습니다.

아이 엠 그라운드　**탈것** 이름 대기

아이 엠 그라운드　**곤충** 이름 대기

아이 엠 그라운드　**식물** 이름 대기

속성이 같은 사물들의 이름을 말하며 재미있게 놀아 봅시다.
아이와 이동할 때나 여유가 있을 때 해 보세요. 사물 이름도 많이 알게 되고, 두뇌
운동도 할 수 있는 놀이입니다.

조건에 맞는 것을 벤다이어그램(집합을 시각적으로 도식화한 것) 안에 써 보는 놀이도 해 볼 수 있습니다. (☞92쪽 참고문제 ②)

예를 하나 살펴볼까요?

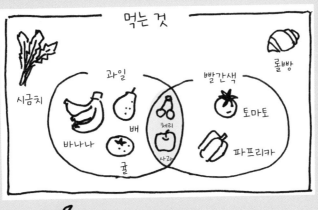

딸기는 어디에 넣을까?

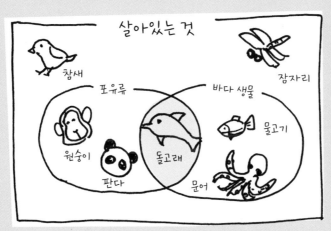

 고양이는 어디에 넣을까?

Recipe
02

'다음'은 뭘까?

집합 2

☐ 규칙성 생각하기

물건의 나열에서 규칙성을 발견하고 다음을 예측해 봅니다.

장난감이나 집에 있는 물건들을 늘어놓고 *다음은 뭘까? 하고 아이에게 물어봅니다.

그림을 그려도 좋습니다.

조금 복잡하게 해도 좋습니다.

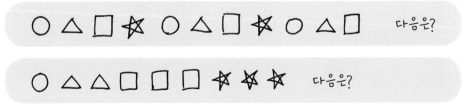

숫자를 나열하여 빈칸에 들어갈 숫자를 생각해 봅니다.

1   2   3   ☐   5   6   ☐   8   9   10   ⋯⋯

1   1   2   2   3   ☐   4   4   ☐   5   ☐   6   ⋯⋯

2   4   6   8   ☐   12   14   ☐   18   ⋯⋯

☐   10   15   20   25   ☐   35   40   ☐   ⋯⋯

100   ☐   300   400   ☐   600   ⋯⋯

1   2   3   1   2   3   ☐   2   3   1   ☐   3   ☐   2   3   ⋯⋯

조금 어렵게 해 봅시다.

1   2   2   3   3   3   4   4   4   ☐   5   ⋯⋯

1   2   4   7   ☐   16   22   29   ⋯⋯

1   4   9   16   25   ☐   49   64   ⋯⋯

여러 가지로 고민해 보고 여러 번 도전해 봅니다.

(☞ 93쪽 참고문제 ③, ④)

17

일, 이, 삼, ……

수세기 I

☐ 숫자를 술술~

먼저 엄마가 아이에게 숫자 세기를 들려줍니다. 그다음은 아이와 함께 세 보고, 이후 아이 혼자서 숫자를 술술 셀 수 있도록 여러 번 반복합니다. 처음에는 1에서 10까지,

1, 2, 3, 4, 5, 6, 7, 8, 9, 10

마지막 '**열**'을 셀 때는 즐거운 마음으로 목소리를 높입니다.

10까지 수를 셀 수 있다면, 다음에는 1~20까지, 그다음에는 1~120까지 셉니다.

100 다음 101이 아이 입에서 나오기 쉽지 않습니다.

120까지 했다면 150, 200, 300까지, 더 어려운 숫자에도 도전합니다.

목욕할 때, 쇼핑할 때, 걸으면서, 언제든지 수를 셉니다.

☐ 주변에 있는 물건 세기

테이블 위에 있는 귤, 접시 위에 있는 딸기, 봉지 속 사탕, 눈과 코 등 신체 부위 수, 손가락 수, 옷에 달린 단추, 장난감 미니카나 레고 조각 수, 아빠의 넥타이 수, 주운 도토리 개수, 걸으면서 보이는 가로수, 맨홀의 개수 등.

* 정연이가 주운 도토리는 몇 개지?

* 여기서 우리 집까지 은행나무가 몇 그루인지 세 볼까?

* 둥근 맨홀만 몇 개인지 세 볼까?

* 집에 도착할 때까지 보이는 빨간 차를 모두 세 보자!

우리 주변에는 셀 수 있는 것이 많이 있습니다. 아이와 함께 **이번 주는 숫자를 세는 주간**이라고 선언하고 생활 속 모든 것들을 세어 보세요.

□ 수의 많고 적음 알기

도토리 같이 손에 쥘 수 있는 작은 물건을 오른손에
5개, 왼손에는 2개 올려놓고
*어느 쪽이 많아?라고 아이에게 묻습니다.

아이에게 손가락으로 가리키게 하고, *자, 세어 볼까? 하고 한쪽씩 세어 봅니다.

이번에는 오른손에 8개, 왼손에 9개를 올려놓습니다. 언뜻 봐서는 어느 쪽이 더 많은지
알 수 없기 때문에, 물어보고 직접 세어 보면서, 어느 쪽이 많은지 구분합니다. 연습을
여러 번 해 봅니다.

그저 느낌으로 '어느 쪽이 많아?'라고 하지 않고, '숫자'로 정확하게 표현하도록 합니다.
작은 초콜릿을 두 접시에 나눠 담고 아이에게 하나를 고르도록 해 보세요. 아이는 많은
쪽을 고르기 위해 초콜릿을 열심히 셀 것입니다.

어느 쪽을 고를래?

Recipe 04 이, 사, 육, 팔, 십, ……

수세기 2

☐ 묶어 세기

2, 4, 6, 8, 10, 12, …… (이, 사, 육, 팔, 십, ……). 물건 등을 2개씩 묶어 세어 200까지 해 봅니다. 이것들은 짝수이며 구구단에서는 2단을 나타내, 학교 공부에 도움이 됩니다. 생활 속에서 물건을 셀 때 활용하면 좋습니다.

그 다음 5, 10, 15, 20, …… **5개씩 묶어 세기**, 10, 20, 30, 40, …… **10개씩 묶어 세기**, 25, 50, 75, 100, 125, 150, 175, …… **25개씩 묶어 세기**, 그 외에도 20개씩, 100개씩, 500 개씩 등 여러 묶음으로 세어 봅니다.

☐ 거꾸로 세어 보기

10부터 0까지 거꾸로 셉니다.

발사~!!

10, 9, 8, 7, 6, 5, 4, 3, 2, 1, 0

3부터 조금씩 소리를 높이며 '드디어 0이다!'라는 느낌을 주면 아이가 흥분하며 재미 를 느낍니다.

10에서 0까지 술술 셀 수 있으면 **100에서 0, 200에서 0, 1,000에서 0** 등, 큰 수에서 0
으로 거꾸로 세 봅니다.

또, 1,000에서 10개씩, 50개씩 거꾸로 세어 보면 이해의 폭이 커집니다.

 여기가 중요해요

➜ 묶어 세기, 거꾸로 세기도 어려움 없이 **술술 셀 수 있으면 다음 단계를 해 봅니다.** 여러 번 반복하면
익숙해져서 '이제 잘 되네.'라는 생각이 듭니다. 그런 후에도 10번은 더 반복하겠다고 생각하고 아이
가 지루해하지 않도록 이끌어 주세요.

➜ 숫자를 거꾸로 세면서 '0'에 가까워질 때 느껴지는 긴장감을 이용하여, **정리정돈 할 때 등 생활 속
에서 해 보면 즐겁습니다.**

*10을 세는 동안 치우지 않으면 간지럽힌다. 라고 말하고
*10, 9, 8, 7, …… 목소리를 변화시키며 아이에게 천천히 다가갑니다.
'0(제로)'이 되었을 때 바로 간지럽히겠다는 표정으로 말이죠.

합해서 10

☐ '합해서 10'을 말한다

엄마가 **1** 이라고 하면, 아이는 **9** 라고 합니다.
엄마가 **2** 라고 하면, 아이는 **8** 이라고 합니다.
엄마가 **6** 이라고 하면, 아이는 **4** 라고 합니다.

처음에는 모르니까 알려 주어야 합니다.
10은 1과 9, 2와 8, 3과 7로 나뉘는 것을 알려주는 것입니다.

손가락을 이용하거나, 구슬이 좌우로 움직이는 교육 완구를 사용하면 좋습니다. 어쨌
든 합해서 10을 만들 수 있도록 트레이닝합니다.
몇 번이고, 가게에 갈 때, 유치원에 가는
길에도 언제든지 잠깐이라도 해 봅니다.
중요한 것은 속도입니다.
아이가 바로 말할 수 있도록 충분히 반복
해 주세요.

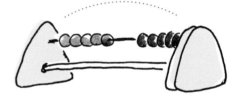

☐ 다음은 '합해서 100'

엄마가 **20** 이라고 하면 아이는 **80** 이라고 합니다.
엄마가 **1** 이라고 하면 아이는 **99** 라고 합니다.
엄마가 **8** 이라고 하면 아이는 **92** 라고 합니다.
엄마가 **25** 라고 하면 아이는 **75** 라고 합니다.

이것은 100에서 빼는 뺄셈입니다. 100을 둘로 나누어 생각해 볼 수 있게 되는 것입니다.
하지만, 뺄셈이 아니라 외운다는 생각으로 해 봅니다.
이것이 되면 나중에 수학에서 계산을 할 때 훨씬 편합니다.

□ 덤으로 '합해서 1'

*합해서 1을 합계~
엄마 '**0.1**' 아이 '**0.9**'
엄마 '**0.5**' 아이 '**0.5**' ……

합해서 1의 조합

0.1	0.9
0.7	0.3

정확히, '영 점 일(0.1)', '영 점 이(0.2)'라고 말합니다.
의미는 몰라도 괜찮습니다. 여기서는 소수에 익숙해지는 것이 중요합니다.

Key

★ 여기가 중요해요

➜ **의미를 이해하지 못해도 단어를 아는 것이 중요합니다.** '합해서 10', '합해서 100'이 되는 아이라면 바로 가능합니다.
'아, 숫자 앞에 '영 점'을 붙이면 되는구나.'라고 느끼고, 먼저 "영 점 ○○"라고 말할지도 모릅니다.
'영점 일'이라는 단어에 익숙해지고, 합치면 1이 된다는 것을 알기만 하면 학교에서 '소수'가 나왔을 때 쉽게 받아들입니다.

➜ **'들은 적 있다.', '본 적 있다.', '이름을 알고 있다.'**
이런 느낌이 수업 내용을 편하게 받아들일 수 있게 합니다. 이것이 트레이닝의 목적입니다. '영 점 일'이라고 말하면서, 종이에 0.1을 크게 써서 보여줍니다.

Recipe
06

모양 찾기

 평면도형

☐ 네모와 동그라미 모양 알려주기

아이들은 처음에 어떤 네모난 모양이든 '사각형'이라고 할 것입니다.
이제 집 안에서도, 바깥에서도 '모양 찾기'를 해 봅니다.

*집 안에서 네모난 것을 찾아볼까?
*네모난 맨홀을 찾아서 밟고 가자!
*여기에서 동그란 것을 찾아보자!
이렇게 아이에게 말을 걸어 사물의 형태를 분류하게 합니다.
책 표지, 책상, 텔레비전 화면, 창문, …… 네모난 모양은 많습니다.

시계, 컵, 단추, 병뚜껑, 도로표지판, 보름달, …… 우리 주변에 동그라미 모양은 조그마
한 것부터 큰 것까지 다양합니다.

공을 동그라미로 분류해도 좋습니다. 다만, 그때는 *동그라미는 동그라미인데, 구(球)네~
라고 덧붙여 주면 좋습니다.
이번에는 '모양 찾아오기' 놀이를 해서, 아이가 가지고 온 물건을 보고 *이것은 무슨 모
양이지?라고 말을 걸어 아이에게 모양에 대해 생각해 보는 시간을 줍니다.

□ 삼각형 찾기

종이접기나 도화지 등의 사각형을 대각선으로 자르면 삼각형이 됩니다.
아이 눈앞에서 잘라 *삼각형이 생겼다~ 하면서 보여줍니다.

*삼각형 찾기 하자!

나무 블록에도 삼각형이 있습니다. 식빵을 세
모로 잘라 보여 주기도 하고, 종이접기나 손수
건을 반으로 접어서 *삼각형이 됐네. 라고 말해
봅니다. 집 안에서, 바깥에서 아이와 함께 우리
주변에 있는 삼각형을 찾아봅시다.

□ 직각 찾기

삼각자는 집에 꼭 준비해 두었으면 하는 것 중에 하나입니다. 삼각자는 삼각형의 기본
성질을 갖고 있는 두 종류를 세트로 구비하면 좋습니다.

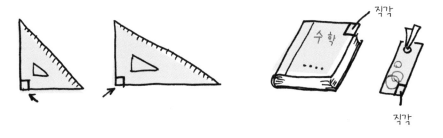

삼각자는 모서리 하나가 직각(90도)으로 되어 있습니다. 아이에게 *이 각도는 직각이라고
해. 라고 말해 준 뒤에 삼각자를 들고 **직각 찾기** 놀이를 합니다.

책 모서리, 책상 모서리, 티슈 상자, …… 생활 속에서 많이 찾을 수 있습니다. 이때 아
이가 직접 삼각자를 대 보고, 직각인지 아닌지 확인하도록 합니다.

몇 개 사면 돼?

덧셈

☐ 총 몇 개?

슈퍼에서 어묵을 사야 한다면 어떤 어묵을 몇 개 살지 고민하게 됩니다.
그것을 아이가 하도록 합니다. *엄마 좀 도와줄래? 하면서 말이죠.

*막대 어묵은 한 사람이 1개씩 먹으려면 몇 개를 사야 할까?
*동그란 어묵은 한 사람이 2개씩 먹으려면 몇 개를 사야 할까?
이렇게 물어보는 과정에서 아이가 합계를 생각하게 합니다.

저도요.

"한 사람이 2개씩이고, 4명이니까……"하면서 아이는 더하기를 반복할 것입니다.
마지막에 엄마가 *2 × 4는 8이네. 라며 혼잣말을 합니다. *들어본 적 있어? *같은 수의
덧셈은 곱셈으로 말할 수 있어. 등의 말을 아이가 듣기만 해도 충분합니다.

* 매일 4개씩 모레까지 먹으려면 바나나가 몇 개 필요하지?

* 그럼, 바나나 한 송이에 5개인데, 몇 송이를 사야 할까?

엄마들은 늘 이렇게 계산을 하며 장을 보지만 입 밖으로 말하지는 않습니다. 하지만 아이와 함께라면 소리 내어 말해 보세요. 몇 개를 사야 하는지 함께 생각하기 위해서요. 이런 습관을 들이면 일상 속에서 수학을 자연스럽게 접하게 되고, 학교에서 공부할 때 이미지로 떠오를 것입니다.

평소에 뭔가를 나누어 줄 때도,

* 아빠 4개, 엄마 3개, 정연이 2개, 정민이 2개 그럼 전부 몇 개지?

이렇게 물어보고 계산하게 합니다.

합산을 여러 번 경험하면 '덧셈'에 대한 개념이 생기며, 문제가 나왔을 때 기계적으로 숫자를 더하는 것이 아니라 자신이 왜 그렇게 더하는지 알게 됩니다. 덧셈의 의미, 덧셈을 사용하는 방법을 이해할 수 있는 것입니다.

8,650원 만들어 보기

▢ 돈으로 수 개념 알기

10원, 50원, 100원, 500원 동전을 각각 여유롭게 준비합니다.
엄마가 원하는 금액을 말하면, 아이가 그 금액을 만듭니다.

* 엄마한테 10원 주세요.

* 20원 주세요.

10원부터 시작해서 20원, 30원, …… 이런 식으로 금액을 늘립니다.

50원이 되면,

* 이 50원, 50원짜리 동전으로 바꿔 줄래?

10원짜리 동전 5개와 50원짜리 동전 1개가 같음을 알게 합니다.

엄마는 다양한 **금액을 종이에 적어** 아이에게 보여 줍니다. 아이는 종이에 적힌 금액을 만듭니다. 70원은 10원짜리 7개로 해도 좋고, 50원짜리 1개와 10원짜리 2개로 만들어도 됩니다.

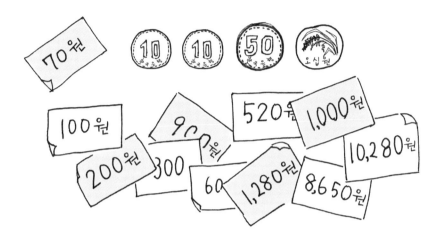

100원, 200원으로 금액을 차츰 늘리면서 1,000원까지 해 봅시다.
이렇게 1,000원짜리 지폐도 등장합니다.

520원, 1,280원, 8,650원처럼 동전과 지폐를 섞어 금액을 만들어 봅니다.
10,280원처럼 중간에 단위가 빠지는 금액도 재미있습니다.

같은 금액을 만드는 데 방법이 많다는 것을 알게 됩니다.
아이가 1,000원을 만드는 방법 또한 다양할 것입니다.
어떤 방법이든 상관없으니 강요하지 말고 칭찬해 주세요.

*동전 개수를 가능한 적게 쓰려면 어떻게 해야 할까? 이런 물음도 좋습니다.
(☞94쪽 참고문제⑤)

가게 주인 되기 part 1

사고 팔기 1

☐ 아이에게 가게 주인 맡기기

* 정연아, 이 가게에서는 뭘 팔아?

먼저 팔 물건을 진열합니다. 장난감, 과자, 책, 무엇이든 좋습니다.

* 이거 얼마예요?

가격은 아이가 정하게 합니다.

* 이거 주세요.

"네, 300원입니다."

* 여기요. 감사합니다.

이것도 또 하나의 공부가 됩니다.

300원짜리 물건을 고른 뒤 아이에게 500원이나 1,000원을 주고 **거스름돈**을 달라고 말합니다.

거스름돈 계산을 어려워하면

* 1,000원짜리 지폐는 100원짜리 동전 몇 개지?

라고 물어보고 함께 생각합니다.

(22쪽 '합해서 100'을 연습했다면 쉽게 계산할 수 있습니다.)

10개

2,000원짜리 물건을 고른 뒤 아이에게 10,000원짜리 지폐를 냅니다. '거스름돈' 계산을 연습하기 위해 큰 금액으로도 해 봅니다.

Key

☆ **여기가 중요해요**

➔ 이 트레이닝의 목적은 **10, 100, 500, 1,000 등 단위 개념을 아는 것입니다.**
100원짜리 동전 5개를 500원짜리 동전으로 바꿀 수 있다는 것을 눈으로 확인함으로써, 그 개념을 정확하게 이해하는 것입니다. 또한 숫자를 엄마의 목소리로 듣고, 종이에 적힌 숫자로 보고, 실제 동전으로도 확인합니다. 이런 과정을 통해 숫자의 크고 작음이 하나의 이미지로 머릿속에 각인되는 것입니다.

➔ **초등학교 4학년 때쯤**
"100 ÷ 2는?"이라고 물어보면 종이에 쓰면서 계산하는 아이가 있습니다. 그런데 *100원을 둘이서 나누면? 하고 물으면 "50원!"이라고 바로 말합니다.
이것은 물건이나 상황이 이미지로 각인되어 있으면 쉽게 풀 수 있다는 것을 의미합니다. **수학은 일상 생활 속에서 필요하기 때문에 배우는 것입니다.**
학교에서 교과서 문제 풀이로 계산을 배우기 전에, **사물을 이용하여 경험을 하면 이해가 쉽고 더 빨라집니다.**
앞으로 물건을 살 때는 의식적으로 트레이닝을 하세요.

통으로 외우기

나눗셈 전에

□ **기억하면 편리한 계산**

몇 번이고 여러 가지 표현으로 하면 쉽게 외울 수 있습니다.

10이 10개면 100

$$100 \div 10 = 10$$

20이 5개면 100

$$100 \div 5 = 20$$

25가 4개면 100

$$100 \div 4 = 25$$

50이 2개면 100

25가 2개면 50

어른에게는 쉬운 계산이지만, 아이는 "100 ÷ 4는?"이라는 질문을 받으면 일단 종이에 써서 계산하려고 합니다.
이 정도의 계산은 외워 두면 편합니다.
이것들을 외워 두면 나중에 분수를 소수로 바꾸는 계산도 바로 이해할 수 있습니다.

$\frac{1}{2}$ 는 0.5

$\frac{1}{4}$ 는 0.25

$\frac{1}{8}$ 는 0.125

이것도 외워 두면 좋습니다.

통으로
외우기

'25가 4개면 100' 이런 것을 외우고 있으면, 분수를 약분할 때도 편리하고 계산이 빨라집니다.

$100 \div 2 = \square$

$50 + 50 = \square$

$100 \div 4 = \square$

$10 \times 10 = \square$

$25 + 25 = \square$

$50 \times 2 = \square$

\way/

🔆 이런 방법도 있어요

➡ 모조지가 식탁보로!

저는 생활 속에서 언제든지 가르쳐 주고 싶어서 늘 이리저리 고민했습니다.

그중 하나가 식탁보를 모조지로 바꾼 것입니다.

가르치고 싶은 것, 기억하고 싶은 것, 설명하고 싶은 것이 생각날 때마다 쉽게 쓸 수 있습니다. 그렇게 **며칠 동안 아이가 써 놓은 것을 보면서 밥을 먹기 때문에 자연스럽게 익힐 수 있습니다.**

수학, 도형, 한자 등 뭐든 가능합니다.

예를 들어, *100원을 둘이서 나누면?*이라고 물어보면, 아이가 식탁 위에 깔린 모조지에 '100 ÷ 2 = 50'이라고 씁니다.

벚꽃이 피기 시작할 무렵에는 '花(꽃 화)' 자를 써 놓아도 좋습니다. 아이가 '7 × 9'를 잘 외우지 못하면 '7 × 9 = 63'이라고 크게 써 놓습니다.

이렇게 식탁 위를 칠판처럼 자유롭게 사용했습니다.

※ 만약 식탁에 유리가 깔려 있다면 유리펜으로 유리에 쓰는 것도 좋은 방법입니다.

11

몇 개 남아?

뺄셈

□ 이만큼을 빼면 몇 개 남아?

생활 속 다양한 상황에서 아이에게 물어볼 수 있습니다.
우선 현재 개수를 헤아려 봅니다.

* 귤이 10개 있네. 오늘 3개 먹으면 몇 개 남을까?
실제 귤을 사용해 10개 중, 3개를 한 컵으로 빼고 나머지를 세어 봅니다.

이 물음의 목적은 ①뺄셈 체험 ②나머지 보기 ③'나머지'라는 개념을 아는 것입니다.

같은 귤을 사용해서
* 내일도 3개 먹으면 몇 개 남아?

하면서 나머지에서 다시 빼는 연습도 해 봅니다.

* 용돈 500원에서 100원을 쓰면 얼마 남을까?
* 300원을 더 쓰면 나머지는 얼마야?
실제 돈을 사용해 금액을 뺀 다음 남은 돈을 세어 봅니다.

* 100쪽짜리 공책에서 10쪽을 쓰면 몇 페이지 남지?
이것은 '합해서 100'(22쪽) 훈련이 되어 있으면 할 수 있습니다.

□ 다 먹어 없어지기까지 며칠 걸릴까?

이런 말 걸기도 해 보세요.

＊ 사과 3개를 매일 1개씩 먹으면, 며칠 안에 없어질까?
＊ 사과 10개를 매일 2개씩 먹으면, 며칠이면 다 먹고 없을까?
＊ 100쪽짜리 책을 매일 10쪽씩 읽으면, 며칠이면 다 읽을까?

여러 가지 상황에서 해 봅시다.
(☞ 94쪽 참고문제⑥)

□ '0(제로)' 이해하기

＊귤이 3개 있어. 이 3개를 먹으면 나머지는?라고 묻고

아이가 "없어……."라고 대답하면

＊0개네. 라고 말해 주면서, 0(제로)이라는 말과 개념을 알 수 있도록 해 줍니다.

구구단, 거꾸로 구구단

곱셈 전에

□ 구구단 외우기

구구단의 개념은 나중에 학교에서 배우기 때문에 일단 구구단을 외워야 합니다.
처음에는 그냥 들려주는 것으로 충분합니다. 아이가 말할 수 없어도 괜찮습니다. 그저
반복해서 들려줍니다.

- 아이를 안고 구구단 들려주기
- 슈퍼 가는 길에 구구단 들려주기
- 유치원 가는 길에 구구단 들려주기
- 목욕하면서 구구단 들려주기

반드시 2단부터 시작합니다. 듣다 보면 어느새 아이도 따라합니다.
처음에는 들려주기만 하고 억지로 외우게 하지 않습니다. 혼자 할 수 있게 되면 칭찬해
주어야 합니다. 이것이 모든 트레이닝의 기본입니다.

그리고, **이것도 속도가 중요합니다.**
입에서 술술 나올 때까지 몇 번이고 반복합니다.

□ '거꾸로 구구단'도 해 보기

구구단 외우기가 잘 된 아이라면 '거꾸로 구구단'도 해 봅시다. 이것은 좀처럼 입에서
술술 나오지 않겠지만 초조하거나 무리할 필요는 없습니다. 학교에서 시험을 보는 것
도 아니니까요. 즐거운 두뇌 훈련이라고 생각하면 좋겠습니다.

이제 구구단을 이용해 몇 개인지 알아봅시다.

* 매일 키위 2개씩 먹고 싶어. 일주일 동안 먹으려면 몇 개를 사면 돼?
라고 말을 걸어 생각하게 합니다.
* 2 × 7 = 14, 이 칠에 십사네. 라고 구구단으로 이야기합니다.

구구단을 이용해 합계를 계산하고,
종이에 곱셈 식을 써서 구구단을 눈으로도 직접 보도록 합니다.

★ 여기가 중요해요

➡ 트레이닝에 적정 연령은 없습니다.
말 못하는 어린 아기 때에도 구구단을 반복해서 들려주면, 말할 때쯤 구구단을 술술 외울 것입니다.
알고 있으면 나중에 도움이 되는 것은 **일찍부터 들려주어 귀에 익숙해지도록 합니다.**
'서당 개 삼 년이면 풍월을 읊는다.'와 비슷한 원리죠.
'뜻도 모르면서 하는 게 의미가 있을까?'라는 의견도 있지만, 얼마 안 가 학교에서 배우고 그때 뜻을
알 수 있으니 괜찮습니다.
'들어본 적이 있고 알고 있다.'라는 이유만으로 수업이 즐거워집니다.

➡ 조기교육은 나쁘다?
'조기교육을 받은 아이는 수업 시간에 흥미를 잃어 수업 태도가 나빠지지 않을까?'
이는 조기교육 자체에 문제가 있는 것이 아니라, 조기교육을 하는 사람의 사고방식이나 교육 방식에
문제가 있는 것이라고 생각합니다.
조기교육은 다른 아이들보다 잘하게 만들어 자만심을 키우는 교육이 아닌, **아이의 뇌를 발달시키고
지식을 쌓아 삶을 풍요롭게 해 주는 길입니다.**

모두에게 똑같이 공평하게 나눠 주기  나눗셈1

☐ 나눗셈의 기본은 골고루 나누기

나눗셈을 배우기 전에, 왜 나눗셈이 필요한지 경험으로 아는 것이 중요합니다.

보통 과일을 먹을 때 엄마가 접시에 나눠 담아 내놓지요? 이때 상황이 된다면 아이에게 나누어 달라고 해 보세요.
여기 가족이 먹을 딸기를 샀습니다. 딸기를 씻어 큰 그릇에 모두 담고, 옆에 가족 수만큼 작은 접시를 놓은 뒤 아이에게 *이 딸기를 나눠 줄래?라고 부탁합니다.

아이는 어떤 식으로 나눌까요?
딸기를 1개씩 접시에 담을지, 대충 담을지, 본인 접시에 다 담을지. 나누는 방식은 다양하겠지만, 화내거나 웃지 말고 마지막까지 지켜봅니다. 상황에 따라서 딸기를 가족에게 똑같이 나눠 달라고 다시 정중히 부탁합니다. 끝으로 가족들이 딸기를 똑같이 받았는지 함께 세어 봅니다.

다 나누고 나면 '나머지'가 생길 것입니다.
(딸기 개수는 남도록 미리 설정해 둡니다.)
그것이 목적입니다.

□ '나머지' 이해하기

* 딸기 2I개를 4명으로 나누면, 한 명당 5개고 나머지는 I개네.
또박또박 소리를 내어 말합니다.

나머지가 3개 나오는 경우도 있습니다.

* 딸기 23개를 4명으로 나누면 마지막에 3개가 남아.
  4명에게 다 나눠 줄 수가 없으니 이 3개는 '나머지'가 되네.
라고 말하고, 말한 내용을 아이와 직접 확인합니다.

* 딸기 23개를 4명으로 나누면, 한 명당 5개를 먹고 나머지가 3개네.

나머지를 3개로 만들어 보이기 위해서는 부엌에서 먼저 몇 개를 먹어도 좋습니다.
'나머지'를 눈으로 확인하고 '나머지'에 대한 규칙을 알면 나중에 수학 공부에 도움이
될 것입니다.
(☞94쪽 참고문제 ⑦)

14

2분의 1개

나눗셈 2

□ 남은 딸기는 어떻게 할까?

*딸기 21개를 4명으로 나누면, 한 명당 5개고 나머지는 1개네.
이 경우

*나머지 1개를 어떡하면 좋을까?
라고 말을 걸어 아이가 고민하도록 한 뒤에, 딸기를 반으로 자르고

*이것이 2분의 1개야. 라고 하면서 반으로 잘린 딸기를 보여줍니다.
*누가 먹을까~?
그것을 정연이와 정민이 접시에 각각 담으면서

*정연이하고 정민이는 5개하고 2분의 1개가 되었네. 라고 말해 줍니다.

하나를 두 개로 나누어 $\frac{1}{2}$ 을 만들어 보여주는 것입니다.

1개를 반으로 나눈 2분의 1개

5개와 한 개를 반으로 나눈 2분의 1개

다음부터 뭔가를 나누고 나머지가 생기면, 아이는 자연스럽게 "이거, 2분의 1개로 나누자!"라고 말할 것입니다.
$\frac{1}{2}$ 의 진정한 의미를 알지 못해도, 분수를 입으로 말해 보는 것만으로 충분합니다.

□ 분수에 익숙해지기

• 반으로 나눌 때

*2분의 1로 나눌까? 라고 아이에게 먼저 물어봅니다.

앞에서 배웠으니 '2분의 1'이라는 말을 사용하세요.

• 롤케이크를 4명에게 나눌 때

아이가 보는 앞에서 먼저 반으로 자릅니다.

*일단 2분의 1로 나눌게.

반으로 자른 롤케이크를 다시 반으로 자릅니다.

끝에서부터 대충 잘라 4조각으로 나누는 것이 아니라,

$\frac{1}{2}$ 을 다시 $\frac{1}{2}$ 로 나누는 과정을 보여 주는 것이 중요합니다.

*2분의 1을 다시 2분의 1로 나눌게.

*자 봐, 이제 4분의 1이 되었네.

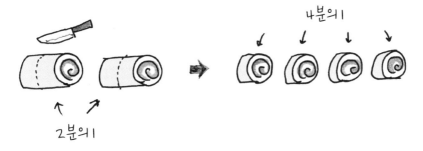

'4분의 1'이라는 말을 사용하여

4개로 나눈 것 중 1개를 4분의 1이라고 한다.

라는 것을 실제로 나눈 것을 보여 주면서 말로 들려줍니다.

아이는 이 말을 곧 자신의 것으로 이해할 것입니다.

트레이닝 성과는 어느 날 갑자기 온다!

트레이닝은 반복이 중요합니다. 몇 번 했다고 아이가 이해할 거라고 생각하지 않는 것이 좋습니다.

아이가 이해했는지 아닌지를 신경 쓰기 시작하면 실망이 앞섭니다. 그런 마음이 쌓이면 점점 초조해지고 함께하는 시간도 즐겁지 않습니다. 어떤 엄마는 트레이닝을 조금 해 보고 "우리 아이는 안 돼요."라며 아이의 능력을 폄하해 버립니다.

그래서 저는 '아이가 이건 분명히 모를 거야!'라고 생각하는 것을 가르쳐 보라고 말합니다. 몇 년 후에나 배울 법한 내용을 트레이닝 해 보는 것입니다. 예를 들어, 3살짜리 아이에게 분수를 가르쳐 보세요. 아이가 분수를 이해하지 못하는 것은 당연합니다. 그러니 엄마가 조바심을 내지 않고 느긋하게 가르칠 수 있습니다.

아이가 생각보다 잘할 때가 있습니다.
좀 어려울 것 같은 내용을 트레이닝 했는데 아이가 금방 이해합니다. '와, 이걸 이해했어?'라고 놀랄 때도 있습니다. 그럴 때 아이의 가능성에 감동합니다. 어려울 것 같았는데 한번 해 보길 잘했다는 생각이 들 것입니다.

"트레이닝에 적절한 나이는 없습니다."
제가 항상 이렇게 말하는 이유입니다.

매일 여러 방법으로 트레이닝을 하고, 몇 번이나 같은 것을 말하고 보여 주었으니 이제는 다 알겠지 생각합니다. 그런데 아이가 이해를 잘 못하면 '아직인가……'

하고 지치기도 합니다.

제 아이는 이런 반복의 연속이었습니다.

하지만 몇 년 뒤에는 반드시 성과가 나옵니다.

부디 1년 단위로 기다려 보세요.

한 번은 이런 일이 있었습니다.

저는 아이가 3살 때쯤부터인가 $\frac{1}{2}$ 에 대해서 몇 번이고 그림을 그리거나 물건을 보여 주면서 꾸준히 트레이닝을 했습니다. 하지만 아이가 전혀 이해를 못하는 것 같았습니다.

아이가 6살 때쯤이었던 것 같습니다. 어느 날 저녁, 식탁에 반찬을 차려 놓고 부엌에서 뭔가를 하고 있었습니다.

식탁에 앉아 먹을 준비를 하고 있던 아이가 "엄마! 엄마!" 하며, 다급히 저를 부르는 소리가 들렸습니다.

아이에게 가 보니 아이가 자기 앞에 있는 접시를 가리키며,

"이게 2분의 1이죠?"라고 물어보는 게 아니겠습니까?

손가락으로 가리키는 곳을 보니 함박 스테이크가 예쁘게 반으로 잘려 있었습니다.

아이는 자신의 함박 스테이크를 나이프로 반을 자르고, 자른 반쪽을 가리키며 '2분의 1' 이라고 말했습니다.

아이가 3년에 걸려서 분수 $\frac{1}{2}$ 을 이해한 순간이었습니다.

저는 가슴이 뜨거워졌습니다.

그때 일은 지금도 잊히지 않습니다. 열심히 트레이닝 한
저와 아이에겐 선물 같은 순간이었으니까요.

케이크 나누기

원 나누기

☐ 같은 크기로 케이크 나누기

생일이나 축하할 일이 있을 때 준비하는 동그란 케이크, 평소에는 엄마가 부엌에서 잘라서 내놓으셨나요? 이번에는 아이가 할 수 있도록 해 주세요.

동그란 케이크를 앞에 두고

*모두에게 똑같이 케이크를 나눠 줄 수 있을까?

하고 말입니다.

그리고 *자른 사람은 마지막에 가져가기. 라는 규칙을 덧붙이면 아이는 매우 진지해집니다.

☐ 둥근 것을 똑같이 나누기

지금까지 엄마가 나눈 것을 여러 번 보았겠지만, 막상 시켜 보면 사각형으로 자르는 아이도 있습니다. 그래도 참고 끝까지 아이가 할 수 있도록 지켜봐 주세요. 둥근 모양의 원을 똑같이 나누려면 부채꼴로 잘라야 한다는 것을 알게 하는 것이 목적입니다.

□ 크기가 다른 조각 내보기

케이크를 다른 크기로 자르고, 큰 쪽을 엄마 앞에 둡니다.

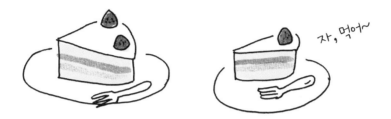

자, 먹어~

"어? 엄마 것이 더 커요!"

하고 아이가 말하면

*왜 이게 더 크다고 생각해?

라고 물으면서 케이크의 둥근 부분(부채꼴의 호)의 길이를 재어 봅니다.

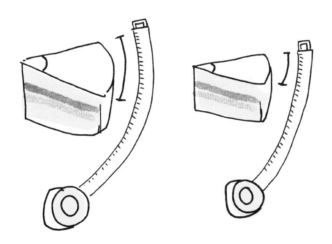

이 과정의 '목적'은

부채꼴은 호의 길이나 중심각이 큰 쪽이 면적이 크다.

를 아는 것입니다.

아이들은 당연한 것을 모릅니다.

모르는 것이 당연하지요.

아이들이 뭔가를 주의 깊게 보지 못한다는 사실에 새삼 놀라는 일이 많습니다. 지금까지 몇 번이고 부채모양으로 자른 케이크나 피자 조각을 먹었을 텐데, 막상 자를 때 보면 아이들은 자르고 싶은 대로 자릅니다. 롤케이크도 끝에서부터 대충 자르고요.

이것만이 아닙니다. '이건 당연히 알고 있겠지.'라고 생각하는 것도 아이들은 의외로 잘 모릅니다.

아이들은 세상에 태어날 때부터 눈에 보이는 것, 들리는 것 등 모르는 것투성이입니다. 그런 것들에 둘러싸여 있다 보면 눈앞의 일들에 일일이 신경을 쓰지 않습니다. 그러다가 모르는 것을 조금씩 알아가면서 비로소 관심을 갖고 질문도 많아집니다. 물건에 이름이 있다는 것을 알고부터는 무엇이든지 보면 "이게 뭐야?"라고 묻습니다.
이렇게 아이들은 스스로 의문을 갖기까지 시간이 걸리기 때문에 그들의 주의를 끌어 가르쳐 주어야 합니다.

아이들을 유심히 지켜봐 주세요.
무엇이든 '우리 아이는 아직 잘 모른다.'라고 생각해야 합니다.
아이에게 말을 걸어 주고 직접 해 보도록 하면 아이 스스로 생각해 보는 기회가 됩니다. 이때 아이의 지식도 하나둘 쌓여갑니다.

그 지식이 다음 의문을 불러오고, 또 그다음 지식으로 이어집니다.

수학뿐만 아니라 국어, 과학, 사회를 공부할 때도 그렇습니다. 가령

*해바라기 피는 계절은 언제지?라거나

*할머니의 아들을 뭐라고 부를까?라고 물어보는 거예요.

이런 것은 어떨까요?

'낮말은 새가 듣고 밤말은 쥐가 듣는다'라는 속담을 배운 아이에게

*낮말, 밤말이 무슨 뜻일까?라고 물으면 자기 나름대로 대답을 할 것입니다.

하지만, 이때 낮말이나 밤말이 무엇인지 모르면 이 속담의 뜻을 이해하지 못한 것
입니다.

'트레이닝'은 말을 걸어 생각하도록 합니다.

주의를 돌려 생각하게 하고, 의문을 품게 하는 '말 걸기'가 곧 '트레이닝'입니다.

일상 속 작은 것들에 관심을 갖게 하고, 사소한 물음을 통해 아이가 한 단계 성장할
수 있게 도와줍니다.

'말 걸기(질문하기)'를 꼭 기억해 주세요.

어떻게 나눠?

사과

트럼프

수박

카스텔라

주스

Recipe 16 · 길이 측정해 보기

길이

☐ 주변에 있는 물건의 길이 재기

눈에 띄는 모든 물건의 길이를 아이와 함께 놀이처럼 재 보세요.

10cm는 어느 정도인지, 1m는 어느 정도인지, 대략적인 감각을 알아갑니다. 우선 30cm 자, 줄자 등을 준비합니다. 자가 없으면 아이와 함께 사러 가도 좋습니다.

*이것은 길이를 재는 도구야.

직접 사면 자를 이용해 이것저것 재고 싶어집니다.

이때 **작은 공책(길이 공책)을 준비해 보이는 대로 물건의 길이를 재 보고 적습니다.**

볼펜 길이, 노트의 가로와 세로 길이, 나무 블록 길이, 아이의 가운데 손가락 길이, 아빠의 엄지손가락 길이, 팔 길이, 머리둘레 길이, 리모컨 길이, 아빠 구두 길이, 앞치마 끈 길이 등을 다양하게 재 보고 비교합니다. 길이를 표시할 때 'cm(센티미터)'라는 단위를 쓴다는 것도 자연스럽게 보여줍니다.

사물의 길이를 재기 전에 미리 예상해 보는 것도 재미있습니다. 예를 들어, '길이 공책'에 예상 길이를 적어 보는 것입니다.

다음으로 아이의 키를 알아봅니다. '120cm = 1m 20cm'라고 소리를 내면서 쓰게 하고, 이때 미터의 개념도 알게 합니다. 미터(m)를 알면 길이가 긴 물건도 잴 수 있습니다.

엄마 키, 아빠 키, 책상 길이, 복도 길이, 차 길이 등 1m가 넘는 것들을 줄자를 이용해 재봅시다.

☐ 보폭의 길이 재기

아이의 1걸음(보폭) 거리가 몇 ㎝인지 재서 '길이 공책'에 적습니다.
처음에는 알기 쉽게 '30㎝'처럼 숫자로 써 두는 것이 좋습니다. 집에서 집 주변 특정 장소까지 몇 걸음(보폭)인지 잽니다. 측정해서 나온 걸음(보폭)이 몇 미터인지 계산해서 공책에 적습니다.

정연이 1걸음(보폭)은 30㎝

거실 길이는 정연이 10걸음(보폭) = 300㎝ = 3m

집 앞 도로 폭 = 15걸음

= 450㎝ = 4m 50㎝ 또는 4.5m

☐ 거리 알아보기

밖으로 나가 여기저기 걸으면서 걸음(보폭)으로 거리를 알아봅니다.
집에서 학교, 집에서 편의점, 집에서 버스정류장, 놀이터에서 집까지 등.
이때 1,000m가 넘으면 ㎞(킬로미터)를 사용할 수 있도록 알려 줍니다.

Key

 여기가 중요해요

➜ 여러 가지 길이와 거리를 재다 보면, 길이와 거리의 감각이 생깁니다. 학교시험에서 "집에서 공원까지의 거리는 얼마일까요?"라는 질문에 "25㎝입니다."라고 답하지 않도록, **거리에 대한 개념이 머릿속에 이미지로 남습니다.**

➜ 자신의 키를 ㎝와 m의 두 단위로 기억하도록 합니다. 단위를 변환할 때 도움이 되도록, 135㎝면 1m 35㎝ 또는 1.35m라고 말할 수 있도록 합니다.
이렇게 하다 보면 '미터' '킬로미터' 등 거리 단위에 익숙해져, 1미터가 어느 정도인지 알 게 됩니다.

넓이 구하기

□ **면적이 뭐야?**

'제곱센티미터(㎠)' 같은 단위를 사용해 면적을 계산할 때 '가로 × 세로'라는 공식을 아이에게 알려줍니다.
그 전에 면적이란 무엇이고, 왜 '가로 × 세로'로 계산하여 면적을 구하는지 아이가 직접 체험하기를 바랐습니다.

'선'은 점들이 이어져 연결된 것이고, '길이'는 선이 어느 정도 연결되었는지 숫자로 나타낸 것입니다.

 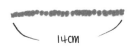

손가락으로 '이 정도'라고 표시하면 상대방에게 길이를 정확하게 전달할 수 없기 때문에 센티미터(㎝)나 미터(m) 등 공통 단위를 사용한다고 아이에게 알려줍니다.
점으로 연결된 선이 빽빽하게 줄로 나열되었다고 한다면, 어느 정도 나열되었는지를 숫자로 나타낸 것이 바로 세로의 길이입니다.
이렇게 점들이 가로세로 빽빽이 채워지면 **면**이 됩니다.
선의 길이 × 줄이 나열된 길이, 그것이 **넓이**입니다.
이 **넓이가 면적**입니다.

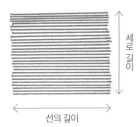

*방의 넓이는?
*학교 교정의 넓이는?
라는 물음에 한 변의 길이와 다른 한 변의 길이를 곱해 숫자로 표현한다는 것을 아이와 함께 이해하는 것이 우선입니다.

☐ 여러 가지 넓이 구해 보기

이번엔 '넓이 공책'을 준비해 주세요.

책 넓이, 지우개 넓이, 휴대폰 넓이, 책상 넓이, 방석 넓이 등 눈에 띄는 것을 모두 계산하여 봅니다.

방 넓이나 공원의 넓이 등은 앞에서 배운 걸음(보폭) 수를 사용해 계산해도 좋습니다.

'cm²(제곱센티미터), m²(제곱미터), km²(제곱킬로미터)'라는 단위를 사용합니다.
땅의 넓이를 나타낼 때 주로 쓰이는 'a(아르)나 ha(헥타르)' 등의 단위도 학교에서 배우므로 미리 사용해 보면 좋습니다.

기왕 가르쳐 줄 때 '둥근 물건(원)의 넓이'는
*반지름 X 반지름에 3.14를 곱하면 돼. 라고 알려 줍니다.

※ 면적을 구할 때는 계산기를 사용합니다. 계산 능력을 키우기보다는 개념 이해에 초점을 맞추기 위해서입니다.
※ 면적이란 '평면도형의 크기', '넓이의 양'을 말합니다.

부피와 들이

부피·양1

□ 주변 물건으로 알아보기

여러 면이 쌓이면 넓이와 높이를 가진 입체가 됩니다. 그 입체도형이 차지하는 공간의 크기를 부피라고 합니다.

사전이나 낱말카드 등을 보면 아이들도 면이 겹쳐져 입체가 된다는 것을 쉽게 이해할 수 있습니다. 어느 정도 면이 쌓였는지, 즉 그 높이를 곱하면 '부피'가 나옵니다.

부피는 '면의 넓이(가로×세로) × 높이'입니다.

이 사실을 알고 있으면 나중에 수학 문제를 풀 때 많은 도움이 됩니다.

부피를 나타내는 단위는 '㎤(세제곱센티미터), ㎥(세제곱미터)'입니다.

'들이'는 통이나 그릇 안에 담을 수 있는 양의 크기입니다. '㎖(밀리리터), ℓ(리터)'라는 단위를 사용합니다. 주변에서 들이로 표시한 제품을 찾아봅니다.

우유팩은 1ℓ

(우유팩에 1,000㎖라고 쓰여 있습니다. 1,000㎖가 1ℓ라는 것을 알 수 있는 기회입니다.)

생수병은 2ℓ,

음료수 병은 500㎖

주변에서 흔히 보는 사물의 양을 알고 외우면 1ℓ가 어느 정도인지 가늠할 수 있습니다. 텔레비전 등에서 '2리터 생수 10개 정도'라고 말하면 그 양이 얼마인지 대략 무게를 짐작할 수 있습니다.

□ 부피 계산하기

우유팩 세 변의 길이를 곱해서 부피를 계산해 봅니다.
정말로 1ℓ(1,000㎖)가 될까요?
더불어 빈 상자, 책상 서랍, 욕조 등의 부피와 들이를 계산해 봅니다.

그럼 사각형 모양이 아닌 다른 모양의 부피는 어떻게 알 수 있을까요?
예를 들어,

*정민이 부피를 알아볼까?

라고 말하며, 물을 가득 채운 욕조에 아이 몸을 담급니다.
물이 철철 넘쳐납니다. 넘치는 것이 자자들면 아이를 욕조에서 나오게 한 뒤 줄어든 물
의 양만큼 욕조의 세 변을 측정해 부피를 구합니다.

*이게 정민이의 부피구나~

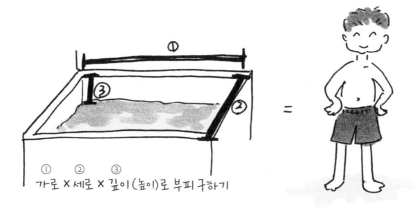

가로 × 세로 × 깊이(높이)로 부피 구하기

이 실험은 나중에 수학 문제를 푸는 데 도움이 되므로 몇 번이고 반복합니다.
(☞95쪽 참고문제⑧)

※ 부피는 입체도형의 크기를, 들이는 통이나 그릇 안에 넣을 수 있는 물건의 양, 즉 물건을 넣을 수 있는 안쪽 공간의
   넓이와 크기를 말합니다.

어느 쪽 주스가 더 많아?

부피·양 2

☐ 높은 쪽이 많아?

아이와 주스를 마실 때 이렇게 말을 겁니다.
(둘 다 같은 크기 컵으로)

엄마 것　　　　정민이 것

아이는 다른 양의 주스를 보며 "엄마가 더 많아!"라고 말할 것입니다.

* 왜 많다고 생각해?
라고 물어보고 주스 높이가 높은 쪽이 많다는 것을 확인합니다.

* 이러면 똑같지.
라고 말하면서 크기가 다른 컵에 같은 높이까지 주스를 따릅니다.

아이는 "이쪽이 더 많아!"하면서 큰 컵을 가리킬 것입니다.
이때 바닥 면적이 넓은 컵에 담긴 주스가 더 많다는 점을 알도록 합니다.

이번에는 다른 용기(기존 물컵보다 훨씬 큰 용기)를 준비합니다. 컵에 있던 주스를 준비한 용기에 각각 순서대로 따르고 매직으로 표시합니다. 아이의 말대로 주스의 양이 다른지 직접 확인할 수 있도록 합니다.

부피는 '바닥 면적(가로×세로) × 높이'입니다.

바닥 면적이 넓어지면 양이 늘어납니다. 높이가 높아지면 양이 늘어납니다. 이것은 부피를 구하는 원리를 깨닫기 위한 트레이닝입니다. 아이와 함께 여러 상황에서 반복적으로 실험하면 좋습니다.

(☞95쪽 참고문제 ⑨)

✪ **여기가 중요해요**

➔ 같은 높이의 경우, 바닥 면적의 비율이 부피의 비율이 되는 것을 경험으로 아는 것이 '목적'입니다.

이 입체도형의 부피를 구하시오.

머지않아 아이가 학교에 가면 왼쪽 그림과 같은 문제를 풀어야 하는 날이 옵니다.

이것은 바닥 면적을 구하고 나서 높이를 곱하는 문제입니다. '바닥 넓이만큼 쌓여 있다'라는 개념이 없으면 어려워집니다.

여러 입체도형

☐ 정육면체·직육면체·원기둥

'정육면체·직육면체·원기둥'이라는 어휘를 알려 주고
그런 모양을 가진 물건을 주변에서 찾아봅니다.

각 티슈, 과자 상자 등을 보여 주고
*이것은 직육면체야., 사이다 캔을 보여 주면서 *이것은 원기둥이야. 하면서 도형 모양을
알 수 있도록 합니다.
도형 모양이 눈에 익숙해지면 **정육면체, 직육면체, 원기둥 찾기** 놀이를 합니다.

☐ 펼치기·조립하기

집에 있는 상자를 평면이 되도록 펼칩니다. 필요에 따라 가위나 칼을 이용합니다.
상자를 펼쳤다가 원래 모양으로 되돌리는 것을 반복해서 해 봅니다.
상자로 복구할 때는 스카치테이프로 고정합니다. 그러면 평면이었던 것이 다시 입체가
됩니다.
바로 이 점을 아이에게 보여 주는 것입니다. 적당한 상자가 없을 때는 문구점에서 상자
도면을 사다가 오리고 조립하는 것도 좋습니다.

(☞ 96쪽 참고문제 ⑩)

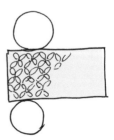

□ 주사위로 놀기

주사위를 몇 개 준비합니다.

주사위는 1의 반대쪽 면이 6, 2의 반대쪽 면이 5, 3의 반대쪽 면이 4입니다. 이렇게 '마주보는 수의 합계가 7'이 됩니다. 아이가 주사위로 놀면서 이 사실을 알게 합니다.

주사위를 1개 굴려서

*1이 나왔네. 그럼 반대쪽은 몇일까?
라고 물어봅니다.
이번에는 주사위를 2개 굴려서,
반대쪽에 있는 수를 물어봅니다.
(☞ 96쪽 참고문제 ⑪)

□ 쌓기 놀이

플라스틱 블럭이나 나무 블럭 등을 쌓으며 다양한 입체 모양을 만들면서 놀이를 합니다.

작은 정육면체 블럭을 많이 사용해 큰 정육면체를 만들어 봅니다. 바깥에서 볼 수 없는 블럭이 안에 있다는 것을 알 수 있도록, 전부 몇 개의 블럭을 사용했는지 세어 보게 합니다.
(☞ 97쪽 참고문제 ⑫)

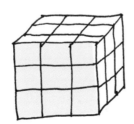 

지금 몇 시지?

☐ 시계 보기 연습

숫자와 시계바늘이 보이는 동그란 시계를 준비합니다. '현재'를 숫자로 표현한 것이 '시간'이라고 알려 주고 그 시간을 볼 수 있도록 트레이닝 합니다.

아이에게 시계를 보여 주며

*지금 9시네. 우리 10시까지만 놀자!

구체적인 시간을 말해서, 아이가 시간을 의식하고 시계를 습관적으로 보도록 합니다.

아이가 시계를 보기까지는 시간이 오래 걸릴 수 있습니다.

평상시에

*지금 3시네.

라고 말하며 아이에게 시계를 보여 줍니다.

이때 장난감 시계를 사용해도 좋습니다.

☐ 시계 관찰하기

*지금 10시지? 조금 있으면 긴 바늘이 어디로 갈까. 짧은 바늘은 어디로 가는지 볼까?

긴 바늘은 1시간에 한 바퀴를 돕니다. 짧은 바늘은 1시간에 한 칸밖에 움직이지 않습니다.

이 사실을 아는 것이 이번 트레이닝의 목적입니다.

□ 지금, 몇 시지?

아이가 시간을 의식하고 볼 수 있도록 아이에게 시간을 물어봅니다.

* 지금 몇 시지?
* 3시 되면 간식 먹자. 시계 보고 알려 줘~
* 5시까지 몇 분 남았지?
* 6시까지 몇 시간 남았어?
* 8시 되면 목욕 할 거야. 시간이 되면 알려 줄래? 등등

\18분!/

□ 짧은 시간과 긴 시간

아이에게 짧은 시간과 긴 시간의 감각을 갖게 하는 것이 중요합니다.
다음과 같이 물어봅니다.

* 집에서 역까지 몇 분 걸릴 것 같아?
* 엄마가 슈퍼 갔다가 돌아오기까지 몇 분 걸렸지?
* 할머니 집까지 시간이 얼마나 걸릴까?
* 어머, 두 시간 반이나 지났어?
* 아빠가 회사에 가서 퇴근까지 몇 시간이나 걸렸을까?

Recipe 22 시계 활용하기

분수·각도

□ 원의 특성과 분수 알기

시계는 원의 특성과 분수를 공부하기에 아주 좋은 교재입니다.

15분은 $\frac{1}{4}$ 시간

30분은 $\frac{1}{2}$ 시간

3시간은 원의 $\frac{1}{4}$

6시간은 원의 $\frac{1}{2}$

9시간은 원의 $\frac{3}{4}$

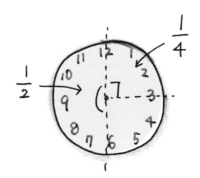

시계를 이용하여 원의 분할과 분수를 친숙하게 알려 줍니다.

□ 각도 알기

6시: 긴 바늘과 짧은 바늘이 만드는 각도는 180도
3시: 긴 바늘과 짧은 바늘이 만드는 각도는 90도
1시: 긴 바늘과 짧은 바늘이 만드는 각도는 30도

이렇게 각도를 가르칠 수 있습니다.

이때는 몇 도?

*9시는 몇 도?   *7시는 몇 도?

학교에서 '부채꼴의 중심각'이라는 문제가 나왔을 때
시계 이미지를 떠올릴 수 있도록 여러 가지 물음을 해 봅니다.

□ 시계 바늘이 겹쳐질 때

이런 물음을 할 수 있습니다.

*지금은 3시야. 그럼 긴 바늘과 짧은 바늘이 겹치면 몇 시 몇 분일까?

아이는 이 질문에 '긴 바늘이 3에 오면 겹치지 않을까?'라고 단순히 생각하고 "3시 15분"이라고 대답하기 쉽습니다.

이때 *정말 그런지 한번 볼까!하고, 시계 바늘이 움직이기를 기다려 봅니다. 긴 바늘과 짧은 바늘이 겹쳐지는 순간을 관찰합니다.

*긴 바늘이 움직이는 동안 짧은 바늘도 움직이니까 겹치는 시간은 3시 15분보다 살짝 지나 있네!

이런 사실을 인지할 수 있도록, '바늘이 겹칠 때'를 의식하면서 트레이닝 합니다.

(☞ 97쪽 참고문제 ⑬)

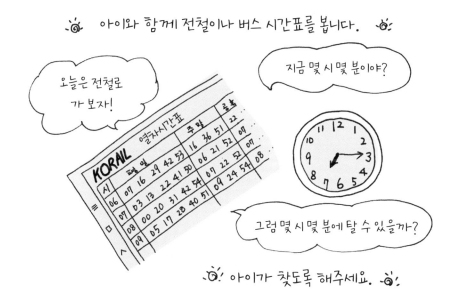

☼ 아이와 함께 전철이나 버스 시간표를 봅니다. ☼

오늘은 전철로 가 보자!

지금 몇 시 몇 분이야?

그럼 몇 시 몇 분에 탈 수 있을까?

☼ 아이가 찾도록 해주세요. ☼

23 어느 쪽이 빨리 도착하지?

속도 1

□ 속도의 표현 이해하기

속도와 관련한 문제를 풀기 전에, '속도'가 무엇인지 알려 주고 시작합니다.
'시속'이라는 말을 사용해서 속도를 숫자로 말해 봅니다.

아이와 함께 차로 이동할 때
*지금은 시속 50킬로미터(km) 정도야~
고속도로에서는
*시속 80킬로미터(km)야~
*시속 100킬로미터(km)야~
라며 지금 달리고 있는 속도를 알려 줍니다.

아이가 속도 감각을 느낄 수 있도록 반복해서 속도를 말해 주고, 달리는 차 안에서 현재 속도를 짐작해 보도록 물어봅니다.

고속도로 등에서
*지금 속도가 몇 킬로미터(km)인 것 같아?

이런 질문에 아이는
"200킬로미터(km)"라고 터무니없는 숫자를 말할지도 모릅니다.
그럴 때
'확인해 보길 잘했네.'라고 생각할 것입니다.

□ 속도와 시간의 관계 알기

* 고속도로의 제한속도는 110km야.
* 걷는 속도는 시속 4km 정도래.
* 자전거는 시속 10km 정도라고 해.
* KTX의 최고 속도는 시속 300km래.

속도에 대해 이야기하면서, 속도의 감각과 지식을 생활 속에서 자주 접하도록 합니다.

속도가 빠르면 같은 거리라도 소요 시간이 짧아진다.

아이는 이런 당연한 것을 잘 모릅니다.
다양한 말 걸기를 통해 아이가 생각해 볼 수 있게 합니다.

* 빨리 가고 싶은데 걷는 것과 달리기 중 어느 쪽이 더 빠를까?
* 역까지 가는데 걷는 것과 자전거 중 어느 쪽이 더 빨리 도착할까?
* 역까지 가는데 자전거와 자동차 중 뭘 타고 가면 더 빨리 도착할 수 있을까?

'잡기놀이'는 속도와 시간을 익히는 데 좋은 놀이입니다.
달리기가 빠른 사람은 느린 사람을 금방 따라잡고, 반대로 느린 사람은 빠른 사람을 따라잡을 수 없습니다.

속도 차이가 나면 도착하기까지 시간 차이가
난다는 것, 또 같은 시간 동안 이동하면 빠른
쪽이 멀리 갈 수 있다는 것 등 속도와 관련된
문제를 접하기 전에 미리 알고 감각을 키우
는 것입니다.

(☞ 98쪽 참고문제 ⑭)

시속 100km 알아보기

속도 2

□ **시속 100km 이해하기**

* 시속 100km로 가면, 1시간에 100km를 갈 수 있대.

① * 시속 100km로 2시간 가면 몇 km를 갈까?

모르는 게 당연하므로 그림을 그리거나, 상상하도록 여러 번 반복해서 알려 줍니다.

② * 시속 100km로 5시간 가면 몇 km를 갈까?

아이가 ①번 물음에 답하면 ②번 물음을 합니다.
서두르면 안 됩니다. 며칠이 걸려도 몇 달이 걸려도 좋으니 속도에 대한 질문을 평소에
자주 합시다.

* 할머니 댁까지 거리는 100km인데,
　시속 100km로 가면 몇 시간 걸릴까?
* 여기서 부산까지 500km인데,
　시속 100km로 가면 몇 시간 걸릴까?
* 시속 100km로 30분 달리면 어느 정도 갈 수 있을까?

할머니 집

여러 가지 물음을 몇 번이고 해 봅니다.
여러 번 반복하면 자기도 모르게 이해하게 되고, 바로 대답할 수 있습니다.

☐ 시속 50km, 시속 10km에서는?

시속 100km를 이해하고 나면 다른 속도도 생각해 보도록 말을 걸어 주세요.

* 시속 50km인 차로 1시간 달리면 몇 km를 갈 수 있을까?
* 부산까지 거리는 500km, 시속 50km라면 몇 시간이 걸릴까?

이처럼 시속 50km, 시속 10km 등을 이용하여 기회가 있을 때마다 아이에게 물어봅니다.
(☞98쪽 참고문제 ⑮)

 여기가 중요해요

➜ 트레이닝을 할 때 몇 번을 반복하고 난 후 아이에게 "이해됐어?"라고 물으면, 아이는 대체로 "이해했어."라고 답합니다. 하지만 다음 번에 물어보면 모르는 경우가 더 많지요.
그렇다고 실망하지 마세요.
한숨을 쉬거나, '이해하기 어려운 것을 억지로 알려 주려는 건 아닌지'라는 생각도 하지 마세요.

➜ 한두 번 했다고 바로 알 리가 없습니다. 처음 들어 보는 개념인데, 10번 해도 이해를 못 하는 것이 정상입니다.
기억하세요! 엄마가 자신에게 실망한 모습을 보면 아이는 슬퍼집니다. 트레이닝 하는 것도 싫어하게 됩니다.

Recipe
25

몇 초 걸릴까?

□ 기차 길이 느껴보기

역 홈에서 전철이 머리에서 꼬리까지 모두 지나갈 때까지 시간(초 단위)을 재 봅니다.
정확하게 세지 못해도 괜찮습니다. 아이와 함께 소리를 내어

*1, 2, 3, 4, 5, 6, 7, 8 !
*8초네!
하는 방식으로 말입니다.

아이는 KTX나 화물열차, 전철 등이 지나가는 것을 보면 가슴이 두근거릴 것입니다.
아이에게 긴 열차가 지나가는 것을 보여 주며 같이 초를 세면 아주 재미있는 놀이가 됩니다. 열차가 통과하는 시간을 세기 위해 일부러 역에 나가 있을지도 모르죠.

*1, 2, 3, 4, 5, 6, 7, 8, 9, 10, 11, 12, 또 있네~
*13, 14, 15, 16, 또 있네? 17, 18, 19 !!
*와, 진짜 길다~

이런 경험을 아이와 꼭 해 보셨으면 좋겠습니다.
KTX는 길면서 아주 빠릅니다. 초를 세면서 그 점에 주목해야 합니다. 아이는 "1, 2, 3, 4, 5, 벌써 가 버렸네!"라고 할 것입니다.

여기에서
긴 열차가 지나갈 때는 시간이 걸린다.
빠른 열차는 지나가는 시간이 짧다.
이것을 알게 하는 것이 목적입니다. (☞ 98쪽 참고문제 ⑯)

1, 2, 3
4, 5!

▫ 터널 길이 비교해 보기

자동차나 기차로 이동할 때 터널이 많은 길이 있습니다.
몇 번이고 터널을 통과할 때
'이 터널 길이가 얼마나 되지?'라고 생각해 본 적이 있나요? 이때가 바로 트레이닝을
해 보는 기회입니다!

*우리 터널 길이를 비교해 볼까?라고 말하고, 터널에 들어갈 때마다
*1, 2, 3, 4, 5, 6, 7, 8, …… 하고 시간(초 단위)을 재 봅니다.

앞 터널과 뒤 터널 중 어느 쪽이 더 긴지, 또 가장 긴 터널을 통과할 때는 *최고 기록이
야!라며 놀이처럼 즐길 수 있습니다.
드라이브를 하다가 터널을 만나면 입구에서 *○○ 터널은 몇 초 걸리는지 세 볼까?하고
말합니다. 터널 이름을 말하고 시간을 재면, 가장 긴 터널의 이름도 기억할 수 있습니다.
여기서는

터널 길이에 따라, 통과하는 데 걸리는 시간이 다르다.

라는 것을 깨닫게 하는 것입니다.

(☞ 99쪽 참고문제 ⑰)

Recipe
26 생일은 무슨 요일이지?

달력

☐ 매일 달력 보기

달력은 월별로 되어 있는 것이 좋습니다.
날짜와 요일을 매일매일 확인합니다.

*오늘은 9월 1일, 일요일. 라고 말하면서 달력을 가리킵니다.
*그럼 어제는?
*내일은?이라며 달력을 가리켜 날짜를 확인합니다.
*3일 뒤면 며칠이야?   *일주일 뒤면 며칠이야?
*정연이 생일은 무슨 요일이지?
*올해 크리스마스는 무슨 요일이지?

이렇게 달력을 가지고 놀이를 합니다.

☐ 월·화·수·목·금·토·일

아이에게 요일을 가르쳐 줍니다. 오늘이 수요일이면 내일이 무슨 요일인지 바로 말할 수 있도록 합니다. 또 일주일은 7일이고, 한 날짜에 7을 더하면 같은 요일이 된다는 것을 알려 줍니다.

*오늘이 9월 1일 일요일이잖아. 그럼 다음 주 일요일은 며칠인까?
*그 다음 주 일요일은 며칠이지?   *몇 번 더 자야 일요일이 될까?
*오늘 무슨 요일이지? 재활용 쓰레기 버리는 날은 무슨 요일이었지?

이렇게 다양한 방법으로 물어봅니다.

□ 예상하기

* 그다음 날은 며칠인까?
예를 들어 9월 달력을 펴 놓고, 9월 30일 옆 빈칸에 그다음 날짜를 써 보도록 합니다.
* 10월 3일은 무슨 요일인까?

23	24	25	26	27	28	29
30	10/1	2	3	4	5	6

7 8

□ 큰달과 작은달

30일까지 있는 작은달과 31일까지 있는 큰달이 있다는 것, 2월은 28일까지 있고 4년
에 한 번 29일까지 있다는 것을 알려 줍니다. '2, 4, 6, 9, 11월이 작은달'인 것을 외울
수 있도록 합니다.

□ 내년 ○○날은 무슨 요일?

한 해의 마지막 달인 12월 달력을 펴고, 다음과 같이 물어보면서 함께 생각해 봅니다.

* 내년 1월 1일은 무슨 요일이지?
* 내년 5월 5일 어린이날은 무슨 요일인까?
* 내년 정민이 생일은 무슨 요일인까?

아이가 조금 어렵게 느낄 수 있지만 적으면서 하면 충분히 할 수 있습니다.

(☞ 99쪽 참고 문제 ⑱)

Recipe 27 내년에는 몇 살 차이일까?

나이

□ 나이와 나이 차이 이해하기

나이는 매년 한 살씩 늘어나므로 나이 차이는 변하지 않는다는 것을 알려 줍니다.

*정민이는 몇 살이지?　　　*그럼 내년에는 몇 살이야?

*정연이는 몇 살이지?　　　*그럼 내년에는 몇 살이야?

*아빠는 몇 살이지?

*10년 후 아빠는 몇 살이 될까?

*10년 후 아빠와 정연이는 몇 살 차이가 나지?

10년 후

35살 　⇨　 45살
↑　　　　　↑
(29살 차이)　　차이는?
↓　　　　　↓
6살 　⇨　 16살

간단한 질문부터 10년 후 등 미래를 생각하는 질문까지, 나이를 조금씩 바꾸면서 기회가 있을 때마다 나이에 대해 생각하게끔 물어봅니다.
또, 1월 1일 새해가 되면 나이를 먹는다는 것을 알려 줍니다.

☐ 5년 후의 나이 합계는? 나이 차이는?

아이는 새 학기나 생일 같은 때 햇수를 의식할 것입니다.
가족의 나이를 모두 합해 봅니다.

* 우리 가족의 나이를 모두 합하면 몇 살일까?

아빠 + 엄마 + 정연 + 정민
 35 + 33 + 6 + 4 = 78

"78살"

* 내년에는 모두의 나이를 합하면 몇 살일까?
* 5년 후에는 모두의 나이를 합하면 몇 살일까?

* 정민이는 엄마가 29살 때 태어났어. 그럼 엄마하고 몇 살 차이일까?
* 5년 후에 정민이하고 엄마의 나이 차이는 몇 살일까?

이렇게 다양하게 물어봅니다.

나이는 모두 똑같이 매년 한 살씩 늘어나므로, 나이 차이는 몇 년이 지나도 변하지 않는다.

라는 것을 아는 것이 중요합니다.
(☞ 100쪽 참고문제 ⑲)

'실망'한 모습은 아이에게 보이지 않기
수학 풀이 중 '실수'는 나무라지 않기

아이가 질문이나 문제에 답할 때 실수하는 이유는 의외로 여러 가지입니다. 문제의 의미를 모르거나, 무엇을 대답해야 할지 이해하지 못할 수도 있습니다. 또는 어휘를 잘 몰라서 질문 자체나 제시된 상황을 이해하지 못할 때도 있지요.

아이가 이상한 대답을 해도 '아직 모르네……'라고 실망하지 마세요. 문제를 급하게 풀거나 계산을 잘못하는 등 수학 문제를 풀면서 실수해도 신경질 내지 말고, 화내지 말고, 여유롭게, 몇 번이고 트레이닝을 반복해 주세요.

여기에 우리 아이의 '실수 에피소드'를 하나 소개하겠습니다.

어느 날 아들이 들고 온 수학 시험 점수는 10점이었습니다. '0'에 대해 이해하고 있는지 평가하는 시험인지, 답이 전부 0이 되는 문제였습니다. 10점 받은 시험지를 보면서 아이의 생각을 들어보니 '이 답이 틀린 건 아니지 않나?'라고 생각할 정도로 아이가 쓴 답이 일리가 있었습니다.

인상 깊었던 문제와 아들이 쓴 답을 적어보겠습니다.

① 사과가 3개 있습니다. 그중 3개를 먹었습니다. 나머지는 몇 개입니까?

② 전선에 참새가 5마리 앉아 있습니다. 그중 5마리가 날아갔습니다. 참새는 몇 마리 남았나요?

왜 '다섯 마리 남았다'고 생각했는지 아들에게 물었더니, 처음에는 "그러니까 5마리 있잖아!"라고 화난 듯이 말을 했어요. 아이의 말을 더 들어보니,

"참새는 죽지 않았어. 어딘가에 살아 있어!"

라고 말하는 겁니다. 그 말을 들은 저는

*그렇구나. 네 말도 맞네.

하고 아이의 생각을 공감했습니다. 그런 다음,

*이 문제는 전선 위에 참새가 몇 마리 남아 있는지 묻는 거야.

라고 문제를 다시 설명해 주었더니,

"그러면 '0'이네."라고 시원하게 대답했습니다.

아이는 '0'을 몰랐던 것이 아니라, 문제의 의미를 정확하게 파악하지 못했던 것입니다.

이런 대화를 하지 못했다면 저는 그저 아이의 낮은 점수에 깜짝 놀라 '우리 애가 이해를 못하고 있네.'라고 생각했을 것입니다. 아이에게 물어보지 않았다면 아이가 '이해하고 있다.'는 것을 몰랐을 것입니다. 여러분도 아이의 생각을 주의 깊게 들어보기 바랍니다. 그리고 다른 면으로 이해하고 있음을 인정해주고 **진짜 점수**를 다시 매겨 주시기 바랍니다.

30% 할인이면 얼마일까?

비율, 퍼센트 이해하기

* 1,000원에 10%는 100원
* 1,000원에 20%는 200원
* 그럼 1,000원에 30%는 얼마일까?
* 1,000원에 50%는 얼마일까?

몇 번이고 반복해서 '○○ 퍼센트'라는 말에 익숙해지도록 합니다.

동시에 '10%'는 '1할'과 같다는 것을 알려 줍니다.

앞서 트레이닝을 통해 분수를 익혔다면

10%와 1할은 $\frac{1}{10}$ 이야.

라고 알려 주면 바로 이해할 수 있을 거라고 생각합니다.

이때, 종이에 선분을 그려 설명하면 더 좋습니다.

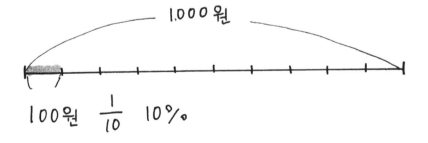

1,000원에 10%, 20%, ……100%까지 대답할 수 있으면
다음은 할인에 대해 알려 줍니다.

900원

*1,000원짜리 연필을 10% 할인해서 팔면 얼마일까?

'할인'이란, 그 비율만큼 뺀 것이라고 말해 줍니다.
여기서도 선분을 그려서 설명하면 좋습니다.

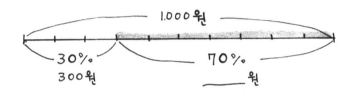

*1,000원짜리 연필을 30% 할인하면 얼마일까?
*30% 할인이면, 1,000원에 지불하는 금액은 몇 %지?
*1,000원짜리 연필은 2할 할인하면 얼마지?

할인 후의 가격을 바로 대답할 수 있게 되면,

*30% 할인과 50% 할인 중 어느 쪽이 더 저렴할까?
*100% 할인이면 얼마를 내야 하지?

광고나 가게 등에서 '30% 할인'이라는 문구를 보면
*여기여기! 30% 할인이래! 저렴하지? 등 실제로 사용하고 있는 현장을 놓치지 말고,
직접 보여 주고, 생각하게 해서 아이가 익숙해질 수 있도록 합니다.
아이는 실제 느낌(경험 또는 실제 상황에서 느끼는 감각)을 통해 지식을 자신의 것으로 만
듭니다. (☞100쪽 참고문제 ⑳)

Recipe 29 부가가치세가 있다면?

비율 2

☐ 부가가치세 포함해서 계산하기

세금의 하나인 부가가치세(VAT)는 상품 가격의 10%입니다.
부가가치세 10%를 이용해서 계산을 해 봅니다.

* 1,000원짜리 연필에 부가가치세가 붙으면 1,000원으로 살 수 없어.
* 부가가치세는 상품 값의 10%야. 라고 먼저 알려 줍니다.

* 1,000원의 부가가치세는 얼마일까?
* 1,000원짜리 연필에 부가가치세가 붙으면, 연필 값은 얼마지?

혹시 아이가 답을 모르면 바로 알려 주세요.
* 1,000원짜리 연필은 1,100원이야.

* 그럼 2,000원짜리 색연필은 부가가치세가 얼마일까?
* 4,000원짜리 물건은 부가가치세가 얼마일까?
6,000원, 7,000원, …… 등 다양한 금액으로 물어봅니다.

다음으로,
* 10,000원짜리 물건은 부가가치세가 붙으면 얼마일까?
* 20,000원짜리는 얼마일까?
30,000원, 40,000원, …… 100,000원 등 금액을 높여서도 물어봅니다.

초등학생이라면 1,500원짜리 물건의 부가가치세 물음에 도전할 수 있습니다.

□ 합산하기, 부가가치세 포함해서 계산하기

아이와 함께 슈퍼에 가서 물건을 카트에 넣을 때마다 물건 값의 합계를 계산해 보는 것도 하나의 트레이닝이 됩니다.
이때, 10원 단위 금액은 무시하고 더합니다.

* 총 얼마인지 더해서 알려 줄래?

"토마토 2,000원."

"다음은 피망 1,500원."

"계란은 3,500원"

* 그래서 모두 얼마야?

"전부 7,000원!"

* 그럼 여기서 부가가치세를 더하면 얼마가 될까?

* 10,000원짜리 지폐로 충분할까?

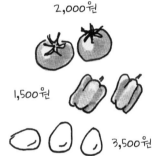

이런 식으로 생활 속에서 트레이닝 할 수 있습니다.
용돈 기입장을 쓰는 것도 매우 좋습니다.

☆ 여기가 중요해요

➜ 트레이닝은 몸에 익숙해질 때까지 반복해서 꾸준히 하는 것이 중요합니다. **생활과 밀접한 상황에서 실제로 알고 있는 것을 활용**하면 복습도 되고 자기 것으로 만드는 데도 도움이 됩니다.

➜ 트레이닝을 했던 것이나 가르쳤던 것을 **활용해 볼 수 있는 상황이 오면 놓치지 말고** *봐봐~라고 말하면서 보여 주세요. 엄마와 함께 체험을 통해 배우는 시간을 아이도 좋아합니다.

Recipe
30

가게 주인 되기 part2

사고 팔기 2

□ 하나 팔면 이익금이 얼마일까?

이번에도 아이에게 가게 주인을 맡깁니다.
먼저 가게에서 물건을 사는 상황부터 시작해 볼까요? 이때 아이가 돈을 얼마큼 갖고 시작하는지 액수를 확인합니다.

① 귤, 과자, 손수건, 연필, 뭐든지 좋지만 같은 것을 많이 준비합니다. 우선 엄마가 도매상이 되어 아이에게 물건을 팝니다.(아이가 자신의 가게에서 팔 물건을 구매하는 것입니다.) 이때 매입가(원가)는 엄마가 정합니다.
(여기서는 귤 1개를 100원에 사서 팔기로 했습니다. 먼저 아이에게 1,000원을 들려줍니다. 부가가치세는 생각하지 않습니다.)

② 이제 아이가 귤 가격(판매가, 정가)을 얼마에 팔지 정하도록 합니다. 귤을 하나에 100원씩, 10개를 삽니다. 이때 귤 1개의 가격을 100원으로 하면 '이익금'이 없다는 것을 알려 주고, 이익금을 낼 수 있는 금액을 아이에게 생각해 보라고 말합니다. 아이가 판매가를 200원으로 정한 경우,

*하나 팔면 이익금이 100이네. 라고 말해 이익금이 얼마인지 알려 줍니다.

③ 아이 앞에 진열된 귤을 엄마가 손님이 되어 삽니다.

*3개 주세요. 얼마예요?

아이가 총금액을 생각하게 합니다.
엄마는 1,000원짜리 지폐를 내고, 거스름돈도 받습니다.

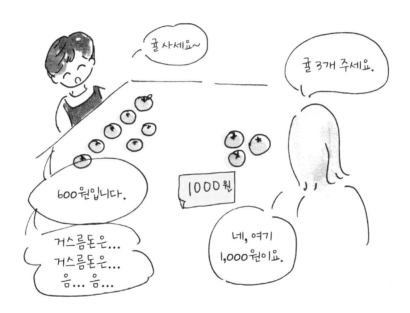

④ 이렇게 사고판 뒤에, 아이가 갖고 있는 돈이 물건을 구입하고 남은 금액보다 많아진 것을 알게 합니다. 귤을 판 **이익금이 늘어난 것**입니다.

매입가 (원가) + 이익금 = 판매가 (정가)

판매가 (정가) − 매입가 (원가) = 이익금

이것을 이해시키기 위한 활동이었습니다.

⇨ 이 활동은 다음 페이지로 이어집니다.

가게 주인 되기 part 3

□ 전부 팔면 매출액은?

⑤ 이때 팔아서 얻은 돈을 '매출액'이라 하고, 늘어난 금액을 '이익금'이라 한다는 것을 알려 주세요.

* 3개 팔면 매출액이 얼마지?

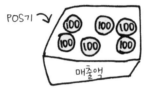

* 귤 1개 팔아서 이익금이 100원이면, 3개 팔면 이익금이 얼마지?

 귤 판매 이익금 100원

 귤 판매 이익금 100원 ⎫ 이익금 합계 300원

 귤 판매 이익금 100원

* 10개 팔면 매출액이 얼마가 되지?
* 귤 1개 팔아서 이익금이 100원이면, 10개 팔면 이익금이 얼마일까?

이렇게 물어보고, 매출액과 이익금을 계산합니다.

1개 200원 판매가(정가) × 10개 = 2,000원 (총매출액)
1개 100원 매입가(원가) × 10개 = 1,000원 (총매입액)
1개 100원 이익금　　　 × 10개 = 1,000원 (총이익금)

총매출액 2,000원 − 총매입액 1,000원 = 1,000원(총이익금)

*귤을 10개 팔아서 1,000원이 늘었네!

라며 아이가 금액을 확인하도록 돕습니다.

⑥ 팔다 남은 경우는……

*만약…… 5개만 팔리고, 5개가 남았으면 이익금이 얼마일까?

라고 물어서 최종 이익금에 관심을 갖도록 합니다.

5개 팔리면 '매출액'은 '200 × 5 = 1,000원'입니다.

하지만 귤 10개를 구입하는 데 1,000원을 썼습니다. 그러니 매출액 1,000원이 있더라도 이익금은 없다는 것을 알려 줍니다.

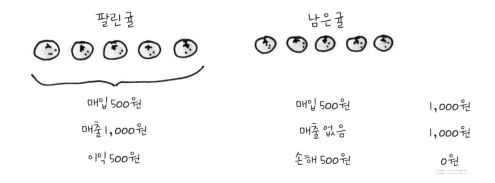

팔린 귤		남은 귤	
매입 500원		매입 500원	1,000원
매출 1,000원		매출 없음	1,000원
이익 500원		손해 500원	0원

'가게 놀이'는 수학 문제인 '매출매입 계산'을 하는데 있어 매우 중요합니다. 매입가(원가), 판매가(정가), 매출액, 이익금 등의 단어에 익숙해지는 것, 또한 사고파는 이미지를 떠올릴 수 있다는 것이 이 트레이닝의 목적입니다.

(☞ 100쪽 참고문제 ㉑)

아빠와도 가게 놀이를 해 봅니다. 아이가 매긴 정가에서 할인받기, 덤 받기 등 여러 가지 방법을 활용하고 반복하면서 가게 놀이를 합니다. 그때마다 '이익금이 얼마나 되는가.'를 확인하는 것이 중요합니다.

자르기와 연결하기

사이의 수

□ 자르기, 잇기로 익히기

아이에게 퀴즈를 내 볼까요?

* 1개의 리본을 2개로 만들려면 가위로 몇 번 잘라야 할까?
* 1개의 리본을 가위로 2번 자르면 리본이 몇 개 될까?
* 1개의 롤케이크를 네 조각으로 자르려면 칼을 몇 번 사용해야 할까?

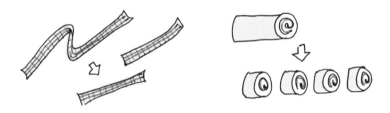

그림을 그려 보여 주거나 실제로 리본을 잘라 보면서,
만들어진 개수가 자른 횟수보다 1개 더 많다.
라는 사실을 알도록 합니다.

종이 한 장을 같은 너비로 길게 자르고 자른 것들을 길게 잇습니다.
각 종이의 끝부분에 풀을 칠하고 이어 붙입니다.

* 10개의 종이를 모두 연결하려면 풀칠을 몇 번 해야 할까?

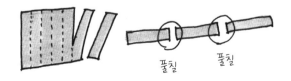

풀칠   풀칠

풀칠해서 **연결하는 부분의 수는 자른 종이 개수보다 1개 적다는 것**을 알게 하기 위한 트레이닝입니다.

10㎝의 가늘고 긴 종이를 10개 준비합니다.

*10개의 종이를 연결하면 몇 ㎝가 될까?*라고 물으면 아이는 "1m."라고 대답하겠지만, 풀칠한 부분 때문에 전체 길이는 짧아집니다.

풀칠할 부분은 1㎝로 정합니다.

그런 다음 종이를 연결한 부분이 몇 군데인지 생각합니다.

종이를 연결하면 풀칠한 부분이 겹쳐지므로 1㎝씩 짧아지는 것을 알 수 있습니다.

이 점을 아이에게 설명하면서 총 몇 ㎝가 되는지 다시 계산해 봅니다.

이것은 연결할 때 겹쳐지는 부분만큼 길이가 줄어드는 것을 알게 하는 목적입니다.

(☞101쪽 참고문제㉒, ㉓)

알기 쉬운 예를 한 가지 더 들어봅시다. 10㎝의 가늘고 긴 종이가 3장이라면 어떨까요?

만약 3개라면...

28 cm

33 당첨될 확률은?

☐ 제비뽑기 놀이로 확률 생각하기

① 한쪽 손에 사탕을 쥔 채 양손을 내밀어

*어느 쪽에 사탕이 있을까?

하는 맞히기 놀이를 해 보았을 겁니다. 이때,

*당첨될 확률은 2분의 1입니다! 또는

*2개 중 1개가 당첨될 확률을 2분의 1이라고 해. 하며 '확률'이라는 단어를 사용합니다.

확률을 분수로 설명하는 것입니다.

② 종이컵 3개를 준비합니다. 그중 하나에 사탕을 넣고 종이컵으로 덮습니다.

*자, 사탕은 어디에 있을까요?

*당첨될 확률은 3분의 1입니다!

라고 알려 줍니다.

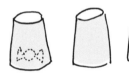

이번에는 사탕을 두 군데에 넣고

*당첨될 확률은 3분의 2입니다!

*그럼 반대로 맞추지 못할 확률은 얼마일까요?

하는 등으로 다양한 방법으로 놀이해 봅니다.

아이가 대답을 하지 못한다면,

*컵이 전부 몇 개 있지?

*사탕이 들어 있는 컵은 몇 개야?

이런 식으로 도움을 주고 확률을 생각할 수 있도록 유도합니다.

③ 나무젓가락 10개를 준비합니다. 그중 1개는 끝에 빨간 잉크를 묻히고, 다른 1개 끝에는 파란 잉크를 묻힙니다. 잉크를 묻힌 것을 포함해 총 10개의 나무젓가락을 잉크 부분이 보이지 않게 한데 잡습니다. 제비뽑기를 하듯, 아이에게 뽑게 합니다.

*빨간 잉크가 묻은 나무젓가락을 뽑을 확률은 얼마일까?　　　　　　　($\frac{1}{10}$ 입니다.)

*파란 잉크가 묻은 나무젓가락을 뽑을 확률은 얼마일까?　　　　　　　($\frac{1}{10}$ 입니다.)

*잉크가 묻은 나무젓가락을 뽑을 확률은 얼마일까?　　　　($\frac{2}{10}$ 이니까, $\frac{1}{5}$ 입니다.)

*잉크가 묻지 않은 나무젓가락을 뽑을 확률은 얼마일까?　　($\frac{8}{10}$ 이니까, $\frac{4}{5}$ 입니다.)

등 여러 가지 질문을 통해 제비를 뽑습니다. 맞추면 선물을 주거나, 청소 당번 등을 정할 때 해보면 아이가 좋아합니다.
상자에 약 20개 쪽지를 넣고 뽑는 것도 재미있습니다.

이 활동이 익숙해지면 백분율로 확률을 말하는 것도 알려 줍니다.
* $\frac{1}{10}$ 의 확률은 10%와 같은 뜻이야.

라고 말해 주면, 일기예보에서 '비 올 확률(강수률)은 30%입니다.'라는 말을 들을 때 아이 자신도 모르게 쉽게 이해를 합니다. 확률이라는 단어도 어려워하지 않습니다.

이밖에 여러 가지 아이디어를 내서 제비뽑기를 할 수 있는 상황을 만들어 보세요. 즐거운 마음으로 놀면서 '확률'을 생각할 기회가 됩니다.

(☞ 101쪽 참고문제 ㉔)

Recipe
34

지름길은?

경우의 수

□ **지도 보고 찾아가기**

여러분의 집 주변 도로는 어떻게 되어 있습니까? 집에서 슈퍼까지 가는 길은 몇 가지 입니까? 주민센터 등에서 동네 지도를 받아와 펼쳐 놓고 함께 봅니다. 슈퍼나 공원에 갈 때, **어느 길로 가는 것이 가장 가까운지** 아이와 생각해 봅니다.

가능한 아래 그림처럼 길이 바둑판 모양으로 되어 있으면 가장 좋습니다.

* 집에서 공원까지 갈 때 어느 길로 갈까?
라는 물음으로, 아이가 길을 선택하게 합니다.

* 오늘은 가까운 길로 가 볼까? 라고 조건을 붙입니다.

어디에 갈 때, 모퉁이를 돌 때마다,

* 어느 쪽으로 갈까?
하고 아이에게 물어보세요. 평소에 가던 길을 고를 수도 있지만, 어떨 때는 방향을 전혀 모르기도 합니다.

비록 반대로 갈 때도 있지만 아이가 생각한다는 데에 의미가 있습니다. 종이 지도를 보면서 걸어 보거나, 인터넷 지도를 이용해도 좋습니다.

가끔은 일부러 평소와 다른 길을 선택해서 갑니다.
*이쪽으로도 갈 수 있어. 돌아가기는 하지만~이라고 상황을 알리면서 목적지로 가 보는 것도 좋습니다. 이때 지도를 보면서, 왜 더 멀어졌는지 지나온 길을 보면서 이야기합니다.

예를 들어, 집에서 공원까지 **가는 방법이 몇 가지 있는지** 세 보는 것입니다. (지도가 없는 경우는 아이와 지도를 그려 봅니다.) 몇 가지 길이 있는지 세 보고, 그 길에 이름을 붙여
*오늘은 어린이집 코스로 가자!
*오늘은 튤립 코스로 가볼까?
이렇게 집을 나서면 아이가 여행하는 기분을 느낄지도 모릅니다.

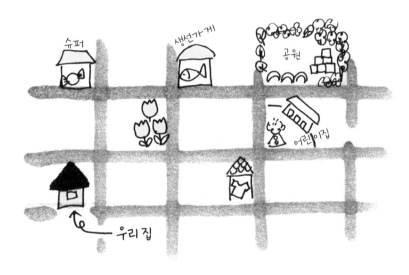

이 트레이닝의 목적은 최단 거리를 아는 것, 목적지까지 가는 길을 한눈에 보는 것입니다. 지도 보며 찾아가기를 꼭 해 보기 바랍니다.

(☞ 102쪽 참고문제 ㉕)

Recipe 35

같은 개수로 하려면?

분배

☞ 몇 개로 나누면 될까?

귤이나 작은 초콜릿 등을 준비해서, 아이와 엄마가 나누고 개수의 차이를 알도록 트레이닝 해 봅니다.

① 테이블 위에 있는 귤을 엄마가 6개, 아이는 4개를 갖습니다.

"어?! 엄마가 더 많잖아."　　　　　*몇 개가 더 많은데?

"2개가 더 많아요."　　　　　　　*그럼 2개 줄까?

이번에는 아이가 가진 귤이 2개 더 많습니다.

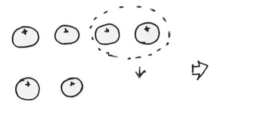

또 똑같은 수가 되지 않는다.

*이번엔 정연이가 2개 더 많네?　　　　"아……"

*똑같이 가지려면 정연이가 엄마에게 몇 개를 주면 될까?

이처럼 둘의 차이를 4개, 6개 등 다양하게 나도록 합니다.
여기서는

둘이 똑같아지려면, 차이 나는 개수의 절반을 주면 된다.

라는 것을 알려 주는 것이 목표입니다.

(☞102쪽 참고문제 ㉖)

② 한 명에게는 사탕 3개, 다른 한 명에게는 사탕 2개를 줍니다. 엄마와 아이, 또는 형제들과 할 수 있습니다.

적게 가진 사람이 '내가 1개 적다.'라고 알아차리면

* 그럼 1개씩 늘리자!

라고 말하며 두 사람에게 사탕을 1개씩 더 줍니다.

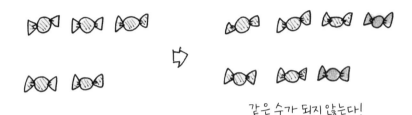

같은 수가 되지 않는다!

* 이러면 괜찮을까?

"그래도, 내가 하나 더 적어……"

두 사람에게 똑같이 주어도 개수의 차이는 변하지 않는다.

이 사실을 알게 하기 위한 놀이입니다.

마찬가지로 두 사람이 똑같은 개수의 사탕을 먹어도 개수 차이는 변하지 않습니다. 개수의 차이를 생각해 볼 수 있는 기회를 다양하게 만들어, 주고받기, 더 주기 등으로 넓혀 나갑니다.

간식거리나 아이가 좋아하는 것으로 하면 더 진지하게 관찰하고 생각할 것입니다.

(☞ 102쪽 참고문제 ㉗)

36 모두 끝날 때까지 어느 정도 걸릴까? 일상 속 셈

□ 주변 상황을 놓치지 말고 '말 걸기'

어떤 일을 다 마칠 때까지 얼마나 걸리는지 생각해 봅니다.

예시로 '말 걸기(물음)' 거리를 몇 가지 적어 보겠습니다.

* 8개의 케이크를 부엌에서 거실로 옮기려고 해. 한 번에 2개씩만 옮길 수 있다면
  몇 번 왕복하면 될까?
* 두 사람이 옮기면 몇 번 왕복하면 될까?

* 150명의 유치원생이 30인승 버스로 이동하려면, 버스는 몇 번 왕복해야 될까?

* 어떤 로봇이 1시간에 5개의 장난감을 만든데.
  이 로봇이 장난감 50개를 만드는 데 걸리는 시간은?

* 트럭 짐칸에 있는 100개의 상자를 공장으로 운반하려고 해.
  한 사람이 1개씩 든다면 10명이 몇 번 왕복하면 될까?

* 엄마가 종이학 천 마리를 접기 위해 매일 20개씩 접으면 며칠 걸릴까?
* 정민이가 매일 5개씩 접으면 며칠 걸릴까?
* 엄마랑 정민이가 둘이서 접는다면, 매일 몇 개씩 접을 수 있을까?
* 엄마랑 정민이가 둘이서 접는다면, 종이학 천 마리를 다 접는데 며칠 걸릴까?
등 여러 가지 상황을 만들어 물어봅니다.

(☞ 103쪽 참고문제 ㉘)

놀이동산 매표소나 놀이기구 앞에서 순서를 기다릴 때, 기다리는 동안 잠깐 셈을 유도해 볼 수도 있습니다.

* 20명 정도 줄을 서 있네, 우리 차례가 오려면 몇 분이 걸릴까?
라고 생각해 봅니다.

* 1분에 1명씩 들어갈 수 있다면, 차례가 올 때까지 몇 분 걸릴까?
* 1분에 2명씩 들어갈 수 있다면, 차례가 올 때까지 몇 분 걸릴까?
이렇게 줄을 서는 일상 속에서 셈을 해 볼 수 있습니다.

다음은 조금 더 어려운 물음을 던져 봅니다. 우리 앞에도 줄이 있지만 뒤로도 사람들이 서 있습니다.
* 줄을 서 있는 사람이 0명이 될 때까지 몇 분 걸릴까?
라고 생각해 봅니다.

예를 들어, 입구에 서 있는 사람이 모두 50명이고, 1분에 5명씩 들어갑니다.
* 50명이 전부 들어가는 데 몇 분 걸릴까?
라는 물음에 "10분"이라고 대답하면, 이어서 이렇게 물어보세요.

* 줄을 서는 사람이 1분에 한 명씩 늘어나면 어떻게 될까?
이렇게 물어보세요. 반드시 답이 나오지 않아도 괜찮습니다.
줄고 늘어가는 상황을 이미지로 떠올리고 생각해 보는 정도면 충분합니다.

(☞ 103쪽 참고문제 ㉙)

참고 문제

왜 이런 트레이닝이 필요할까요? 언젠가 다음과 비슷한 문제를 풀어야 하는 날이 오기 때문입니다. 본문에서 다루었던 트레이닝이 실제 수학 문제에 어떻게 연결되는지 예시로 나타낸 것이니, 가볍게 참고만 해 주세요.

 24km의 거리를 갈 때는 시속 6km, 돌아올 때는 시속 12km로 운전을 했습니다. 왕복 평균 속도는 시속 몇 km입니까?

풀이 방법

24 ÷ 6 = 4	(가는 데 걸린 시간)
24 ÷ 12 = 2	(돌아오는 길에 걸린 시간)
24 × 2 = 48	(총이동 거리)
48 ÷ (4 + 2) = 8	

> 정답 시속 8km

 40명인 반에서 수학시험을 치렀습니다. 문제는 두 문제이고, 1번을 맞힌 사람은 27명, 2번을 맞힌 사람은 24명, 둘 다 맞힌 사람은 15명이었습니다. 둘 다 못 맞힌 사람은 몇 명입니까?

풀이 방법

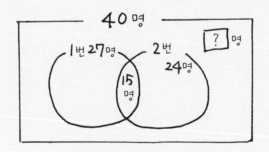

27 + 24 - 15 = 36 ······ 1번이든 2번이든 적어도 한 개는 맞힌 인원

40 - 36 = 4 ······ 둘 다 맞히지 못한 인원

> 정답 4명

다음과 같이 나열된 수의 1번째부터 10번째까지 합을 구해 보세요.
1, 3, 5, 7, 9, 11, 13, 15, ……

<code>풀이 방법</code>

등차수열의 합

첫 번째부터 n번째까지의 합 = (1번째 수 + n번째 수) × n ÷ 2

10번째의 수는 19이므로,

(1 + 19) × 10 ÷ 2 = 100

정답 100

---

4 바둑알을 1번째에 1개, 2번째에 4(= 2 × 2)개, 3번째에 9(= 3 × 3)개, 4번째에 16(= 4 × 4)개, …… 등으로 정사각형이 되도록 놓습니다.

1번째   2번째   3번째   4번째

① 6번째 바둑알 수는 모두 몇 개입니까?

<code>풀이 방법</code>

6 × 6 = 36

정답 36개

② 나열된 전체 바둑알이 256개일 때, 가장 바깥쪽 한 변에는 몇 개의 바둑알이 놓여 있습니까?

<code>풀이 방법</code>

256 = 128 × 2 = 64 × 2 × 2 = 8 × 8 × 2 × 2

= (8 × 2) × (8 × 2)

= 16 × 16

정답 16개

100원, 50원, 10원 이렇게 세 종류의 동전을 사용해서 570원을 내려고 합니다. 동전의 수를 가장 적게 하려면 몇 개가 필요할까요?

풀이 방법

100원 — 5개, 50원 — 1개, 10원 — 2개

정답 8개

210쪽짜리 책이 있습니다. 월요일부터 일주일간 매일 10페이지씩 읽습니다. 단, 일요일에는 읽지 않습니다. 이 책을 끝까지 읽는 데 며칠이 걸릴까요?

풀이 방법

210 ÷ 10 = 21　　　　　(읽는 일수는 21일)

6일 읽고, 하루 쉬기 때문에,

21 ÷ 6 = 3 하고 나머지 3　(다 읽을 때까지 3주 3일 소요)

3 × 7 + 3 = 24

정답 24일간

아이들에게 종이를 나눠 줍니다. 종이를 한 사람당 5장씩 나눠 주면 3장이 남고, 6장씩 나눠 주면 4장이 부족합니다. 이때 아이가 몇 명이고, 종이가 몇 장인지 알아 보세요.

풀이 방법

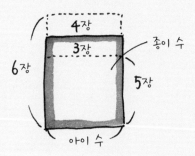

(4 + 3) ÷ (6 − 5) = 7　　(아이 수)

7 × 5 + 3 = 38 또는

7 × 6 − 4 = 38　　　　　(종이 수)

정답 아이 7명, 종이 38장

8 그림과 같은 수조에 물 8ℓ를 넣으면 물의 높이가 10㎝가 됩니다. 이 수조 안에 돌을 집어넣으면 물의 높이는 12㎝가 됩니다. 이 돌의 부피를 얼마일까요?

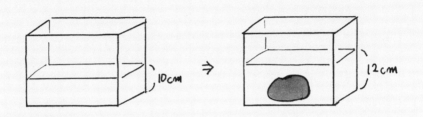

풀이 방법

8,000 ÷ 10 = 800   (이 수조의 바닥 면적)

물의 높이가 늘어난 만큼이 돌의 부피가 되므로

800 × 2 = 1,600

정답 1,600㎤

---

9 높이 20㎝의 원기둥 수조 A, B가 있고 바닥 면적의 비는 2:3입니다. A에 12㎝ 높이까지 물을 넣은 다음 이 물을 모두 B로 옮기면, 수조 B의 높이는 몇 ㎝일까요?

풀이 방법

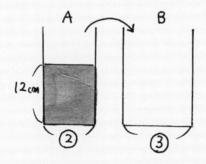

$12 \times \dfrac{2}{3} = 8$

정답 8㎝

⑩ 세 면에 레, 시, 피라고 쓰여 있는 정육면체가 있습니다. 아래 그림은 정육면체를 두 방향에서 바라본 것입니다. 또한 이 정육면체의 펼친 면에 세 개의 글자 중 두 개가 쓰여 있습니다. 나머지 한 글자는 어디에 어떤 방향으로 써야 하는지 그려 보세요.

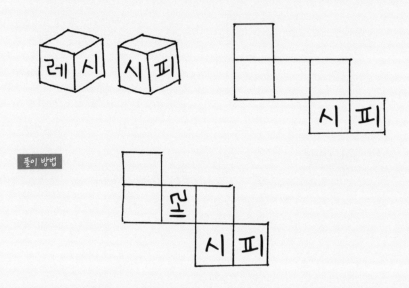

풀이 방법

---

⑪ 그림과 같이 책상 위에 두 개의 주사위를 겹쳐 놓았더니 맨 위에 보이는 면의 숫자가 4입니다. 이때 보이는 면의 숫자를 모두 합한 수를 구하세요. 단, 책상과 붙어 있는 면은 보이지 않는 것으로 합니다.

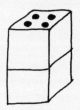

풀이 방법

주사위의 '마주보는 수의 합'은 7이므로

7 × 4 = 28

맨 위의 4를 더하면,

28 + 4 = 32

정답 32

⑫ 아래 그림은 한 변이 2㎝인 정육면체 8개를 겹쳐서 만든 입체입니다. 이 입체의 면적을 구해 보세요.

풀이 방법

전후좌우(4방향)에서 보이는 면은 각각 6면이고,

바로 위와 바로 아래(2방향)에서 보이는 면은 각각 4면입니다.

4 × 6 + 2 × 4 = 32　(보이는 면의 합계)

2 × 2 = 4　(1개의 면적)

4 × 32 = 128

정답　128㎠

---

⑬ 3시와 4시 사이에 긴 바늘과 짧은 바늘이 겹치는 시각은 3시 몇 분입니까?

풀이 방법

긴 바늘은 1시간에 360도 돈다.　　→　1분에 6도 움직인다.

짧은 바늘은 12시간에 360도 돈다.　→　1시간에 30도 움직인다.

　　　　　　　　　　　　　　　→　1분에 0.5도 움직인다.

긴 바늘과 짧은 바늘 사이의 각도는 1분에 5.5도 줄어들므로

3시의 각도 90도를 줄이는데 몇 분 걸릴지 생각한다.

$$90 \div 5.5 = \frac{90}{5.5} = \frac{90 \times 2}{5.5 \times 2} = \frac{180}{11} = 16\frac{4}{11}(분)$$

정답　$16\frac{4}{11}$(16.3636⋯)분

⑭ 정민이가 분속 60m로 학교를 향해 출발했습니다. 5분 후에 엄마는 정민이가 놓고 간 준비물을 갖다 주기 위해 분속 75m로 따라갔습니다. 엄마는 출발해서 몇 분 후에 정민이를 따라잡을 수 있었을까요?

풀이 방법

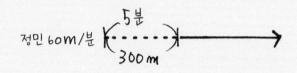

$60 \times 5 = 300$ ...... 정민이가 앞선 거리

$75 - 60 = 15$ ...... 속도의 차이(1분에 줄어드는 거리)

$300 \div 15 = 20$(분)

정답 20분 후

---

⑮ 시속 50km의 자동차로 2시간을 달리면 [   ] km 갑니다.

풀이 방법

$50 \times 2 = 100$

정답 100km

---

⑯ 길이 120m, 시속 72km의 기차는 전봇대 앞을 지나는 데 몇 초 걸릴까요?

풀이 방법

시속 72km → 시속 72,000m → 초속 20m

$120 \div 20 = 6$

정답 6초

일정한 속도로 달리는 기차가, 길이 145m의 터널을 11초 만에, 길이 85m의 철교를 8초 만에 통과했습니다. 이 기차는 시속 몇 km일까요? 또 이 기차의 길이는 몇 m 입니까?

풀이 방법

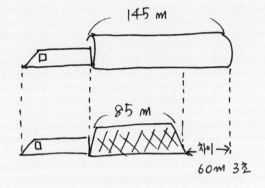

이 기차의 앞부분이 터널이나 철교에 들어가 마지막 부분이 나올 때까지의 거리를 '움직인 거리'라고 정하고 생각합니다. 기차의 길이는 같기 때문에 터널 길이와 철교 길이의 차이가 움직인 거리의 차이가 됩니다.

145 − 85 = 60(m) ······ (움직인 거리 차이)

11 − 8 = 3(초) ······ (걸린 시간 차이)

60 ÷ 3 = 20(m/초) ······ (기차 속도 → 72km/시)

20 × 8(초) = 160(m)
160 − 85 = 75(m)

또는

20 × 11(초) = 220(m) ······ (기차 길이 + 철교 길이)
220 − 145 = 75(m) ······ (기차 길이)

정답 시속 72km, 기차 길이 75m

 어느 해의 8월 9일은 금요일입니다. 그럼 그해 12월 9일이 무슨 요일입니까?

풀이 방법

8월 9일의 31일 후는 9월 9일이고, 9월 9일의 30일 후는 10월 9일입니다.

10월 9일의 31일 후는 11월 9일, 11월 9일의 30일 후는 12월 9일입니다.

31 + 30 + 31 + 30 = 122

122 ÷ 7 = 17 나머지 일수가 3이기 때문에, 월요일

정답 월요일

⑲ 지금 엄마는 30살, 아이는 6살입니다. 엄마 나이가 아이 나이의 3배가 되는 시점은 지금부터 몇 년 후가 될까요?

풀이 방법

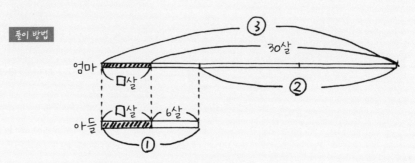

나이 차이 24는 변하지 않으므로 그림 ②가 24에 해당한다.

그럼 ①이 12가 되므로,

12 - 6 = 6

정답 6년 후

---

⑳ ① 원가 200원짜리 물건에 20%의 이익금을 얻기 위해 정가를 [　　　　] 원으로 했습니다.

정답 240원

② 정가 200원짜리 물건을 20% 할인하면 판매가가 [　　　　] 원이 됩니다.

정답 160원

㉑ 원가 200원짜리 물건에 20%의 이익금을 얻기 위해 정가를 매겼습니다. 그런데 다 팔지 못해 10% 할인을 했습니다. 그래서 판매가는 [　　　　] 원이 되었습니다.

풀이 방법

200 × 1.2 = 240 (처음 판매가)

240 × 0.9 = 216 (할인 판매가)

정답 216원

㉒ 길이 600m인 길가에 10m 간격으로 나무를 심습니다. 양끝에도 나무를 심는다면 나무는 총 몇 그루가 필요합니까?

풀이 방법

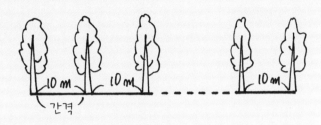

600 ÷ 10 = 60 (사이의 수로 나눈 몫)

양끝에 심었다면, (나무 그루 수) = (사이의 수로 나눈 몫) + 1 이므로

60 + 1 = 61

정답 **61그루**

㉓ 길이 10cm의 종이 12개를 풀칠해서 길게 이었습니다. 이때 풀칠하는 부분은 2cm입니다. 다 붙이고 나면 전체 길이는 몇 cm일까요?

풀이 방법

(겹치는 부분) = (연결하는 종이 수) − 1 이므로,

12 − 1 = 11   (겹치는 부분)

10 × 12 − 2 × 11 = 98

정답 **98cm**

㉔ 불투명한 주머니에 빨간 구슬 2개와 흰색 구슬 6개가 들어 있습니다. 구슬을 한 번만 꺼낼 때 빨간 구슬을 꺼낼 확률을 얼마입니까?

풀이 방법

2 + 6 = 8

$\dfrac{2}{8} = \dfrac{1}{4}$

정답 $\dfrac{1}{4}$

25 아래 그림과 같은 길이 있습니다. 멀리 돌지 않고 A에서 B를 지나 C로 가는 방법은 몇 가지가 있을까요?

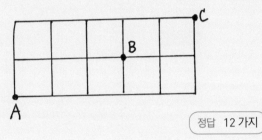

풀이 방법
A에서 B까지 4가지
B에서 C까지 3가지
4 × 3 = 12

정답 **12 가지**

---

26 언니는 여동생보다 2배의 돈을 가지고 있습니다. 만약 언니가 여동생에게 700원을 주면, 언니와 여동생이 갖고 있는 금액이 같아진다고 합니다. 처음에 언니가 가지고 있던 돈은 얼마일까요?

풀이 방법

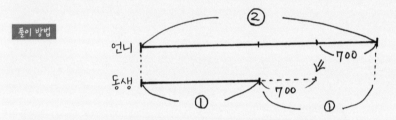

두 사람이 갖고 있는 금액의 차이는 ① 반인 700원이므로, ① = 1,400원
1,400 × 2 = 2,800 …… ②

정답 **2,800원**

---

27 형은 6,000원, 동생은 3,000원을 각각 가지고 있습니다. 같은 가격의 책을 산 후 가지고 있는 돈을 확인해 보니, 형이 갖고 있는 금액이 동생이 가진 금액의 7배입니다. 두 사람이 산 책의 가격은 얼마일까요?

풀이 방법

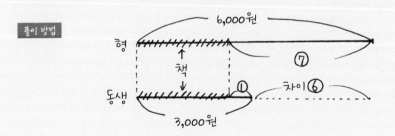

두 사람은 같은 가격의 책을 샀기 때문에 차이는 변하지 않습니다.

따라서 그림의 ⑥이 3,000원이므로,

3,000 ÷ 6 = 500 ····· ①은 500원

동생은 처음에 3,000원을 가지고 있었으므로

3,000 - 500 = 2,500

정답 2,500원

A는 어떤 일을 하는데 10시간 걸립니다. A가 1시간에 가능한 일의 양은 전체의 얼마에 해당할까요? 분수로 답해 보세요.

풀이 방법

$$1 ÷ 10 = \frac{1}{10}$$

정답 $\frac{1}{10}$

물이 200ℓ 들어 있는 수조가 있습니다. 이 수조에 매분 5ℓ의 물이 채워졌지만, 수조 바닥의 마개가 열려 있어 20분 후에 물이 전부 빠져나갔습니다. 매분 몇 ℓ의 물이 수조에서 빠져나갔을까요?

풀이 방법

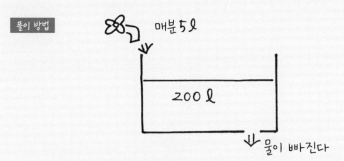

200ℓ의 물이 20분 만에 비워졌으므로

200 ÷ 20 = 10(1분간 줄어든 물의 비율)

분당 5ℓ씩 물이 채워졌어도 10ℓ씩 줄어든 셈이기 때문에

매분 수조에서 빠져 나온 물의 양은

10 + 5 = 15

정답 15ℓ

유용한 수학 트레이닝 도구

Tip 1

엄마가 아이와 함께 집에서 수학 트레이닝을 할 때 미리 준비해두면
편리한 도구를 소개합니다.

☐ **10개 구슬 주판 또는 100개 구슬 주판**

모두 합한 수를 눈으로 볼 수 있어서 좋습니다.

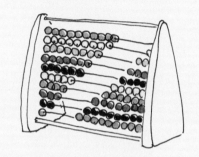

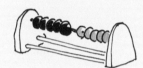

☐ **종류별 칩**

약 100개 정도. 가능한 한 많이 준비해 주세요.
수를 세거나 물건을 나누는 등 다양한 상황에서 사용할 수 있습니다.

☐ **여러 가지 형태의 블록**

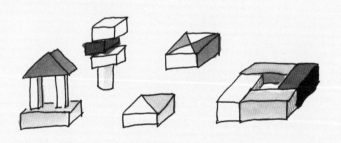

블록을 상자에 가지런히 넣는 것도 두뇌 활동이 됩니다.

□ 작은 정육면체 블록

약 30개 정도 준비하면 좋습니다.

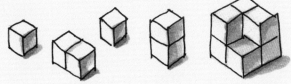

□ 색종이

색종이는 정사각형입니다. 대각선으로 자르면 직각이등변삼각형, 반으로 자르면 직사각형이 됩니다. 접기, 자르기 등 다양하게 사용할 수 있습니다.

□ 삼각자

수학 트레이닝을 할 때 삼각자가 있으면 무척 편리합니다. 공부뿐만 아니라 일상에서 놀이를 하듯 사용하면 학교에서 사용하는 자나 각도기 등에 익숙해져 잘 활용할 수 있습니다.

□ 자 (짧은 것, 긴 것)

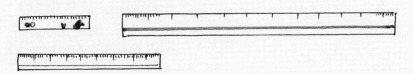

□ 끈으로 된 자 또는 줄자

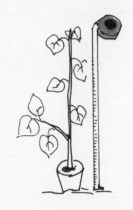

□ 모눈종이

전개도를 그릴 때나 오려서 상자를 조립할 때 편리합니다.

□ 아날로그시계

숫자와 바늘 있는 아날로그시계를 준비하는 것이 좋습니다. 장난감 시계도 좋습니다.

□ 계량컵 큰 것

주스 등 부피를 비교할 때 사용하기 편리합니다.

□ 주사위

주사위는 2개 이상 필요합니다. 주사위의 구조도 배우고, 나온 수를 더하는 연산 놀이도
할 수 있습니다.

□ 컴퍼스

원을 그려 설명할 때 편리합니다.

□ 각도기

각도에 관심을 갖기 시작하면 각도를 측정하는 도구로서 보여 주세요.

□ 모조지 같은 전지

기억하고 싶은 것을 적어 눈에 띄도록 벽에 붙이거나 식탁보로 사용해 보세요.

□ 계산기

□ 공책

일반 공책이나 바둑판무늬 공책도 좋습니다.

□ 동그라미 스티커(색상별로 준비)

숫자를 세거나 주사위를 만들 때
사용하면 편리합니다.

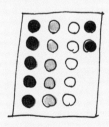

자주 묻는 Q&A

Q 수학 트레이닝은 하루 중에 언제 하면 좋을까요?

A 언제가 좋으냐고 묻는다면 '언제든지'입니다. 기회가 있을 때마다 늘 시도해 보길 추천합니다. 과자를 나눠 줄 때, 가게에 '30% 할인!'이라고 크게 쓰여 있는 것을 봤을 때, 가로수 길을 걸을 때 등 기회는 언제든지 있습니다. 그 기회를 놓치지 않도록, 항상 마음에 새기고 기억하는 것이 중요합니다. 얌전히 있는다고 아기를 침대에 눕혀 두거나, 유모차에 태워 아무 말없이 이동하는 것은 아까운 순간입니다.

단지 수학에 관한 것으로 규정하지 마세요. 꽃, 벌레, 하늘색, 구급차의 사이렌, 눈에 들어오는 사물, 들려오는 소리, 아이를 둘러싼 모든 것이 트레이닝의 도구이자 기회입니다.

억지로 앉혀서 공부를 시키는 것이 아니므로 생활 속에서 자연스럽게 실천해 보세요.

Q 각각의 트레이닝에 적정 연령이 있습니까?
연령에 비해 어려운 것을 하면 성과가 있을까요?

A 적정 연령은 없습니다. 2살짜리 아이에게 구구단을 들려줘도, 부가가치세를 이야기해도 괜찮습니다. 모른다고 화를 내거나 실망하지만 않으면 됩니다.

망설이고 있다면 일단 해 보세요. 의외로 아이가 이해를 잘해서 놀랄 때도 있습니다.

(제 조카는 2살 때 '부가가치세'를 계산했답니다.)

트레이닝은 모든 것을 이해해야 하는 것이 아닙니다. 아이가 이해하지 못하고 멍하게 있어도 마음에 여유를 갖고 지켜보세요.

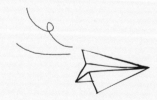

Q 트레이닝에 순서가 있습니까?
Q 유치원 때까지 해 두면 좋은 트레이닝은 무엇이 있습니까?

A 순서는 없지만 편 나누기, 수세기, 수 알기까지는 먼저 해 두는 것이 좋습니다. 아이마다 잘하고 못하는 영역이 있기 때문에 **난이도에 신경 쓰지 말고 순서를 자유롭게** 해 보는 것이 좋습니다.

Q 트레이닝을 해도 흥미를 보이지 않는 아이, 반응이 없는 아이, 싫어하는 아이, 대답하지 않는 아이는 어떻게 해야 할까요?

A 어린 아이들은 퀴즈나 질문의 핵심이 무엇인지 종종 알지 못합니다. 이때는 수수께끼 놀이처럼 해 보세요.
'하얗고 귀가 긴 동물은?'
'이 집에서 안경을 쓰고 있는 사람은 누구일까?' 등
아이가 바로 대답할 수 있는 것을 물어봅니다.
트레이닝을 할 때는 아이가 흥미를 가질 수 있도록 엄마의 목소리 톤을 변화시키거나, 인형을 사용해 말을 걸어 보세요. 트레이닝은 공부나 시험과 다릅니다.
정답을 찾기보다 이야기하기, 익숙해지기 등 왠지 어디서 들어본 것 같은 느낌으로 부담 없이 시작해 봅니다.
큰 아이들은 순순히 따라오지 않을지도 모릅니다. 하지만 **포기하지 마세요.**
엄마가 자신을 시험하고 있는 게 아니라는 것, **틀려도 화내지 않는다는 것**을 알면, 아이도 엄마의 마음을 알고 부담을 갖지 않고 편안한 마음으로 응원합니다. 시간이 걸리더라도 신뢰관계를 구축하는 것이 무엇보다 중요합니다.

Q 좀처럼 대답하지 않는 아이, 엄마의 눈치를 보면서 대답을 바꾸는 아이, 바로 '모르겠다.'고 말하는 아이는 어떻게 하면 좋을까요?

A 아이들은 대부분 엄마를 실망시키고 싶지 않아 합니다. 트레이닝 질문에 대답하지 않는 아이들은 '틀리고 싶지 않다.'라고 하는 마음에 상황을 지켜보는 것입니다.
좀처럼 대답하지 않을 때는 답을 가르쳐 주면 됩니다.
'이거야.'라고 아무렇지 않게 정답을 보여 주세요.
몇 번이고 똑같이 트레이닝을 합니다. 답 알려 주기를 반복하면서요.

트레이닝은 반드시 웃는 얼굴로 해야 합니다. 엄마가 아이를 시험하는 표정을 지으면 아이도 긴장을 합니다.

또 아이가 어떤 대답을 하더라도 그 대답을 똑같이 따라 말하면서 '그렇구나. 그렇게 생각했구나~'라며 그대로 인정해 주세요.

그 후, 조사해 보거나 정답을 가르쳐 주되 **함께 답을 찾아낸 것처럼 말합니다.** 아이가 정답을 말할 때는 '하이 파이브' 등을 하면서 과장되게 칭찬합니다.

무조건 **즐겁게 즐기면서** 하는 것이 중요합니다.

Q 일을 하면서 아이를 키우고 있어서 트레이닝을 할 시간이 거의 없습니다. 트레이닝을 매일 하지 않으면 효과가 없을까요?

A 매일 바쁘고 시간도 없지만 뭔가 하지 않으면 안 될 것 같은 생각에 이 책을 선택했을 것입니다. 그러면 더더욱 '제대로 못하고 있다.'고 생각하고 있겠지만, 트레이닝을 하려는 마음만으로 시작한 것이나 마찬가지입니다. 매일 조금씩이라도 하려고 노력하는 것이 중요합니다.

매일 같은 시간에 한 가지 하기를 실천해 보는 건 어떨까요?

예를 들어 목욕 시간, 식사시간 등 하나 정도는 할 수 있을 것입니다.

매일 한 번을 하면 1년이면 365번입니다.

일주일에 한 번만 해도 1년이면 50번을 하는 것입니다.

그렇게 몇 년만 해도 효과가 있지 않을까요?

'트레이닝은 하지 않는 것보다 하는 것이 좋다.'라고 생각하고, 할 수 있을 때 틈틈이 즐겨 보세요.

Q 큰아이가 대답해 버릴 때 어떻게 하면 될까요?

A 큰아이는 그 나이면 당연히 아는 문제라도, 의기양양하게 대답하고 엄마에게 칭찬을 받고 싶어합니다. 어느 가정이든 큰아이는 동생에게 부모의 관심을 빼앗겼다고 생각하고, 동생보다 자신이 더 자주 혼난다고 믿습니다. 그래서 동생이 칭찬을 받을 때 질투를 느끼곤 합니다.

그러니 칭찬받고 싶은 큰아이의 마음을 잘 헤아려 주고, 큰아이가 대답하면 반드시 **충분히 칭찬해 주세요.**

그럴 때는 다음과 같이 해 보면 어떨까요?

기다림을 즐길 수 있도록 게임을 해보는 거예요. 엑스 표시한 마스크를 쓰고, 자기 차례가 아니면 참아 보는 것입니다. 이때 얌전히 잘 기다리면 아낌없이 칭찬해 주는 것을 잊지마세요.

또 큰아이에게 부탁해서 아이가 문제를 내도록 하는 것도 좋습니다.

트레이닝에서는 정답을 맞히고 칭찬받는 것이 목적이 되지 않도록 조심하면서 '**다 같이 생각하자!**'라는 분위기로 하는 것이 중요합니다.

Q 우리 아이는 몇 번을 해도 이해하지 못하는 것 같습니다. 무리하게 트레이닝을 해도 괜찮을까요?

A 몇 번을 해도 안 된다면, 더더욱 여러 번 해야 하지 않을까요? 엄마와 조금 무리하게 해놓으면 학교에서나 시험때 당황하지 않을 수 있습니다.

열 번, 스무 번, 한두 달 해 본 정도로 '우리 아이는 못 해.'라고 생각하는 것은 성급한 결정입니다.

100번을 하면 할 수 있을지도 모릅니다. 아니면 내년에 이해하게 될지도 모릅니다. 또 다른 방법으로 트레이닝을 하면 더 쉽게 이해할 수 있을지도 모르고요. '못한다.' 고 결론짓지 마세요. **초조해하지도 말고 느긋하게 하면 됩니다.**

같은 트레이닝을 반복해서 하거나 무리하게 하고 있다는 생각이 들어도, 엄마가 화를 내거나 실망하지만 않는다면 나쁜 영향을 주지 않을 것입니다. 분명 **안하는 것보다는 훨씬 더 도움**이 될 것입니다.

안심하시고 반복해서 해 주세요.

Q 가르치는 방법이나 트레이닝 방법에 자신이 없는데 방법이 있을까요?

A 트레이닝 방법은 정해진 것이 없습니다. 자유롭게 연구해 보고, 바꾸고, 덧붙이면서 여러 가지 시도를 해 주세요. 엄마도 아이도 제각각이므로 자신에게 맞는 방법을 찾으면 그것으로 충분합니다.

단, 즐겁게 하시기 바랍니다.

'**초조하지 않기, 비교하지 않기, 혼내지 않기, 화내지 않기, 실망하지 않기**'

이것들만 조심하면 '**매일매일 하나씩 해 보기**'로 충분합니다. 안 하는 것보다 훨씬 낫습니다.

Q 남편이나 다른 가족은 '그렇게 안 하는 게 낫다.'라고 말합니다. 어떡하면 좋을까요?

A 자신의 생각으로 아이를 키우지 않으면 주변 사람들의 말에 휘둘려 늘 갈팡질팡하게 됩니다. 그 결과 아이도 같이 헤매게 됩니다. 트레이닝은 예절 교육처럼 반드시 해야 하는 것은 아닙니다. 그러니 가족들과 이야기를 나누고 본인 생각을 확실히 정한 뒤에 트레이닝 하는 것이 좋습니다.

'아이는 가능한 자유롭게 놔두고, 아이 스스로 자연스럽게 깨닫고 알아가는 것이 제일 좋다.'는 생각으로 아이를 키우는 분들이 있고, 그 또한 아이의 미래가 될 것입니다.

단지, 아이는 '가르치지 않은 것은 모릅니다.'

'스스로 저절로 알게 되기'까지는 시간이 걸리기도 합니다.

트레이닝을 적극적으로 하지 않겠다고 결심했다면, 다음 사항에 주의해 주시기 바랍니다.

학교에 입학해서 아이가 모르는 것이 많고 점수가 좋지 않아도 '가르치지 않았기 때문에 바로 이해하지 못 하는 게 당연하다.'라고 생각하기 바랍니다. 시험점수나 학교의 평가만 보고 '이 아이는 안 돼.'라고 생각하지 마시고 '앞으로 이해할 거야.'라고 믿어 주세요.

Q 트레이닝 성과가 나오지 않으면, '이게 의미가 있을까?'라는 생각에 의욕을 잃어버립니다.

A 부모인 우리도 사람이기에 열심히 했는데 성과가 나타나지 않으면 실망하거나 의욕을 잃습니다. 저도 여러 번 그런 생각을 했습니다.

하지만 잊지 말아야 할 것이 있습니다. 아이는 지금 이 순간에도 성장을 하고 있다는 것을요.

다음번에는 알 수 있을지도 모릅니다. 조금만 하면 될지도 모릅니다.

바로 결과가 나오지 않아도 '지금은 성장하는 중이다. 육아에 대한 정답은 없다.'라는 것을 잊지 마세요. 포기하지 말고 계속 앞으로 나아가야 합니다.

크게 기대하며 결과를 바라지 않는다는 것은 모순 같지만, 그것이 부모의 사랑이 아닐까요?

아이에게 그 사랑이 그대로 전해질 거라고 생각합니다.

아이가 좀처럼 이해하지 못 했던 것을 알게 되면, 그 기쁨은 배가 됩니다!

Q 지나치게 선행교육을 시키면 아이가 학교 수업을 성실하게 듣지 않을까 걱정이 됩니다.

A 어른이든 아이든 전혀 모르는 이야기보다, 조금이라도 아는 이야기, 들어본 적 있는 이야기, 상상할 수 있는 이야기에 더 관심을 갖고 즐겁게 듣습니다.

아이들은 앞으로 매일 몇 시간씩 수업을 들어야 합니다. 이 트레이닝은 학교 수업을 이해하고, 나아가 배움을 즐기도록 해 주고 싶어 시작했습니다.

Q 트레이닝 방식이 나중에 학교에서 가르치는 방법과 다르면 문제가 되지 않을까요?

A 괜찮습니다. 학교에 갈 때쯤에는 아이들도 성장하여, 의외로 '그래서 저렇게 푸는구나.' 하는 느낌으로 수업을 듣고 받아들이는 것 같습니다.

단, 집에서는 아이가 학교에서 어떻게 배우고 있는지, 혼란스러워 하지는 않는지, 이해하지 못해서 곤란해 하고 있지는 않은지 등을 제대로 체크해 주어야 합니다. **아이가 이해하도록 가르쳐 주는 사람은 언제나 아이를 지켜보고 있는 보호자인 우리입니다.** 아이에게 꼭 수업에 대해 묻고 아이의 말을 들어보세요.

Q 〈참고 문제〉와 같은 문제를 풀 필요가 있을까요?

A 이 트레이닝은 수학 시간에 어려움을 겪지 않기 위해서입니다. 그러므로 특정 문제를 풀기 위한 것을 목표로 삼지 말아 주세요.

〈참고 문제〉에 제시한 문제는 학교 시험에도 나올 수 있는 문제입니다. 그리고 이 책에 〈참고 문제〉를 붙인 것은 **'언젠가 이런 문제를 풀 때가 온다', '그래서 지금 트레이닝을 하고 있다.'**는 것을 이 책의 독자들에게 보여주기 위해서랍니다. 지금 당장 풀지 못해도 괜찮습니다.

□ 끝마치며

아이들은 태어난 날부터 폭풍 성장을 합니다.
몸도 뇌도 마음도 매일매일, 오늘도, 이 순간도, 성장하고 있습니다.
아이는 아무것도 모르고 태어나 눈에 비치는 것, 들리는 소리, 느끼는 것,
그 모든 것을 배우면서 성장합니다.
그것을 생각하면 저는 가만히 있을 수 없는 기분이 듭니다.
아이들은 지금 이 순간에도 뭔가를 흡수하고 있을 것입니다.
그냥 멍하게 있기에는 뭔가 너무 아쉽고 아깝습니다.

저는 아이든 어른이든 무언가를 배우면 배우기 전보다 후에 더 성장한다고 믿습니다.
특히 아이는 배우면 배울수록 더 많이 흡수합니다.
저는 매일 그런 마음으로 아이와 '트레이닝'을 했습니다.
"결과를 알 수 없고 앞날에 대한 보증도 없지만, 어쨌든 해 두자!"라고.

이 책을 집필하면서, 30년 전 아이 키우던 생각을 많이 했습니다.
현재 어른이 된 아들을 보며 그때 열심히 했던 것에 감사하고 있습니다.
'이런 날이 오는구나.'라는 감회가 새롭습니다.
아이를 키우고 있는 여러분에게도 아이가 어른이 되는 '그날'이 올 것입니다.
부디 미래를 꿈꿔 주세요.

아이에게는 무한한 가능성이 있습니다.

〈생활 속 수학 트레이닝 교실〉에서는 시간 관계로
일부만 소개한 '수학 트레이닝' 아이디어를
『생활 속 수학 레시피 36』에서 마음껏 소개할 수 있었습니다.
이 가운데 한두 가지라도 실천해 보시기 바랍니다.
언젠가 '아! 도움되네.'라는 순간이 반드시 올 것입니다.

그리고 부디 큰 사랑으로, 이 트레이닝을 해 주세요.
아이들은 그 사랑을 받아 잘 성장하고 행복한 삶을 살 것입니다.

평범하기 그지없는 한 엄마가 쓴 책을
지금까지 읽어 준 여러분께 감사드리고, 고맙습니다.

마지막으로, 이 책을 읽어 준 모든 분들의 육아가 편안하고 행복하기를 바랍니다.
이 책이 조금이라도 도움이 되기를 진심으로 바랍니다.

저자 **타나카 마키**

주의를 돌려 생각하게 하고,
의문을 품게 하는
'말 걸기'가 곧 '트레이닝'입니다.

지은이 타나카 마키

시스템 엔지니어로 IT기업에서 일하다가 퇴직한 뒤에 아이들 육아에
전념하던 때였습니다.
큰아이가 초등학교 1학년 때 ADHD(주의력결핍과다행동장애) 진단을
받은 계기로 집에서 할 수 있는 엄마표 '트레이닝'을 연구하고 실천
하기 시작했습니다. 그 덕분인지 아이는 유명 사립 중·고등학교에 합
격했고, 국립 대학과 대학원에도 진학했습니다.
저희 아이 외에도 많은 아이의 중학교 수학 입시를 성공시킨 경험이
있습니다.
또래보다 이해력이 조금 부족한 아이를 키우면서 얻은 실제 경험과
지도법을 전하는 〈생활 속 수학 트레이닝 교실〉을 현지 세타가야에
서 매월 개최해, 15년 이상 지금까지 계속하고 있습니다.
그 밖의 저서로는 『육아 레시피』가 있습니다.

옮긴이 최현주

초등학교 6학년 아들 쌍둥이를 둔 엄마로서, 이 책을 번역하면서 안
타까웠던 점은 '이 책을 좀 더 일찍 알았더라면 얼마나 좋을까!'였습니
다. 그래도 더 늦기 전에 이 책을 알게 된 것을 큰 행운이라고 생각
합니다. 이 책을 번역한 덕분에 집에서 쌍둥이들과 함께 생활 속에서
수학 트레이닝을 실천하고 있습니다. 사실 쌍둥이들 수학 실력이 또
래에 비해 좋지 못해 트레이닝 효과가 더 좋을지도 모르겠습니다.
약력을 소개해야 하는데, 번역하면서 도움을 많이 받다 보니 서평같
은 약력이 된 것 같습니다.
요코하마국립대학교를 졸업하였고, 번역서로는 실용서 『일본 취업
베테랑 IT편』, 『죽을 때까지 건강하게 사는 법』 등이 있습니다.
그리고 시집 『지금이 참 좋습니다』를 집필하였습니다.

엄마가 더 바쁜 엄마표 수학놀이는 이제 그만‼

준비물이 필요 없는
생활 속 수학 레시피 36

초판 1쇄 인쇄 2020년 11월 1일
초판 1쇄 발행 2020년 11월 5일

지은이 | 타나카 마키
옮긴이 | 최현주
발행인 | 김태웅
책임편집 | 양정화
외주교정 | 김유진
디자인 | ALL designgroup
마케팅 총괄 | 나재승
제 작 | 현대순

발행처 | (주)동양북스
등 록 | 제2014-000055호
주 소 | 서울시 마포구 동교로22길 14(04030)
구입 문의 | 전화 (02)337-1737 팩스 (02)334-6624
내용 문의 | 전화 (02)337-1763 이메일 dybooks2@gmail.com
ISBN 979-11-5768-661-2 03370

이 도서의 국립중앙도서관 출판예정도서목록(CIP)은 서지정보유통지원시스템 홈페이지(http://seoji.nl.go.kr)와
국가자료종합목록 구축시스템(http://kolis-net.nl.go.kr)에서 이용하실 수 있습니다. (CIP제어번호 : CIP2020043864)